学前教育

晨读

经典

陈 为 主编

西安交通大学出版社
XI'AN JIAOTONG UNIVERSITY PRESS

国家一级出版社
全国百佳图书出版单位

图书在版编目（CIP）数据

学前教育晨读经典 / 陈为主编. —西安:西安交通
大学出版社,2022.8
　ISBN 978 - 7 - 5693 - 2442 - 6

　Ⅰ. ①学… 　Ⅱ. ①陈… 　Ⅲ. ①学前教育-教育理
论-高等学校-教学参考资料 　Ⅳ. ①G610

　中国版本图书馆 CIP 数据核字(2021)第 266440 号

书　　名　学前教育晨读经典
　　　　　XUEQIAN JIAOYU CHENDU JINGDIAN
主　　编　陈 为
责任编辑　张　娟　李嫣彧
责任校对　李　蕊

出版发行　西安交通大学出版社
　　　　　（西安市兴庆南路 1 号　邮政编码 710048）
网　　址　http://www.xjtupress.com
电　　话　(029)82668357　82667874(市场营销中心)
　　　　　(029)82668315(总编办)
传　　真　(029)82668280
印　　刷　西安明瑞印务有限公司

开　　本　787mm×1092mm　1/16　印张 14.25　字数 166 千字
版次印次　2022 年 8 月第 1 版　2022 年 8 月第 1 次印刷
书　　号　ISBN 978 - 7 - 5693 - 2442 - 6
定　　价　48.00 元

如发现印装质量问题,请与本社市场营销中心联系调换。
订购热线:(029)82665248　(029)82667874
投稿热线:(029)82668525

编 委 会

主　编　陈　为

副主编　车艳菊　肖鑫鑫　陈　飞

编　委　那朝霞　曹新茹

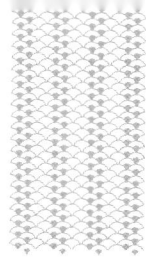

前言

　　人文素质与学生的"精神成人"密切相关,有利于学生丰盈内心世界,提高品德修养。为了发展学生的人文素质,西安职业技术学院学前师范学院组织编撰了这本校本晨读教材。编者希望这本教材可以实现以下目标:一是将诵读渗入学生每天的学习生活之中,让学生在诵读中轻松自然地走进典籍、懂得传统,从经典中获得自豪感,增强文化自信,在学习生活和以后的教育教学工作中传播优秀传统文化;二是扩充和丰富学生教育学等方面的知识,为学生提升职业能力和职业素养助力;三是使学生将求真、求善、求美之心内化为自己的精神追求,引导学生热爱生命,关注社会,积累深厚的人文底蕴,最终形成完善人格。

　　编委会秉承关照古今的理念,遵循尊重经典、关照生活、紧扣时代的思路,选取具有广泛认可度、广泛人文价值和教育价值的作品编入教材,让学生既能窥得蒙学及古代教育经典的概貌,又能品读近现代教育家的著作,并领略其中的教育意蕴。

　　教材选取了《三字经》《百家姓》《千字文》《童蒙须知》《笠翁对韵》等经典蒙学读物里的精彩段落,也节选了《论语》《学记》《吕氏春秋·诬徒》《颜氏家训·教子篇》等在我国古代教育史上有重大影响、紧贴儿童教育的篇章。与此同时,为了更贴近专业特色,增强教材的针对性和指向性,编委会还选编了蔡元培、杨贤江、陶行知、陈鹤琴、张宗麟、张雪门、杜威、蒙台梭利、皮亚杰、苏霍姆林斯基等著名教育家的名言名篇,这些名言名篇和专业课程的学习紧密相关,是专业学习重要且丰富的补充,有利于学生在晨读中了解教育家们在道德教育、健康教育、幼儿教育、家庭教育、教师职责、教学方法等方面的主张和见解，进而获得更多的启发。

"教育经典篇"与"蒙学经典篇"均选自"中华经典古籍库"与"爱如生中国基本古籍库"，为了便于学生更好地理解和诵读，特对较难理解的篇目添加了注释和译文。"中国近现代教育名言名篇"和"外国教育名言名篇"均选自国内知名出版社出版的基于原刊本的修订本、校阅本、译本（均已标明出处），因为作者自有其语言风格，各时代均有其语言习惯，故未按现行用法、写法及表现手法改动原文，如确系笔误、排印舛误，或影响理解之处需要校改，则在正文中直接修改，以脚注示明出处原文。为避免某些非现代汉语规范用法、表现手法对学生产生误导，特在正文中添加"小提示"（第 84 页）提请学生注意。辑录过程中，编委会反复斟酌，数次讨论如何处理选段中某些不符合现代汉语规范表达的情况，也曾按照将不规范表达全部修改的辑录方式操作过，但过程中发现牵一发而动全身，各种改动已让选段面目全非。因此，在参照各种已出版的类似书籍的基础上，采用上述方式辑录。

本教材由西安职业技术学院学前师范学院院长陈为担任主编，由车艳菊、肖鑫鑫、陈飞担任副主编，那朝霞、曹新茹担任编委。因学识有限，偏误之处，恳请读者多予指正。

编　者

2022 年 7 月

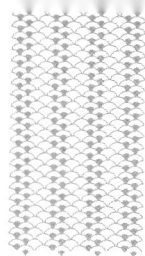

目 录

第一部分

教育经典篇

　　我国古代很多教育思想和理念都蕴含在哲学思想当中。 在世界上享有盛誉的思想家如孔子、孟子、朱熹等人在教育方面都有独到而先进的理念，这些理念不仅影响东方，也惠及西方。 春秋战国时期我国就出现了专门论述教育的著作《学记》。 《劝学》等教育名篇更是历朝历代的学习者竞相记诵的佳作。 我国古代教育思想家的教育思想和著作，影响了古今中外无数人的成长，即便在当下也仍然闪耀着智慧的光芒。 了解、熟读、背诵这些内容，对于我们的专业学习大有裨益。

论　语（节选）

《论语》由孔子的弟子与再传弟子编撰而成，记录了孔子及其弟子的言行，较为集中地体现了孔子及儒家学派的政治主张、伦理道德观念及教育原则等。《论语》自宋代以后，被列为"四书"之一，是儒家的重要经典。孔子，名丘，字仲尼，春秋时期鲁国人，十五岁立志向学，约三十岁开始聚徒讲学。与弟子周游宋、卫、陈、蔡等国十余年，近七十岁返回鲁国开始整理和传授古代典籍。孔子去世后，其弟子及再传弟子把他及其弟子的言行语录记录下来，整理编成《论语》。

子曰："性相近也，习相远也。"（《阳货》）

子曰："莫我知也夫。"子贡曰："何为其莫知子也？"子曰："不怨天，不尤人，下学而上达。知我者其天乎！"（《宪问》）

孔子曰："生而知之者，上也；学而知之者，次也；困而学之，又其次也。困而不学，民斯为下矣。"（《季氏》）

子曰："我非生而知之者，好古，敏以求之者也。"（《述而》）

子贡问曰："有一言而可以终身行之者乎？"子曰："其恕乎！己所不欲，勿施于人。"（《卫灵公》）

子曰："有教无类。"（《卫灵公》）

子曰："后生可畏，焉知来者之不如今也？四十、五十而无闻焉，斯亦不足畏也已。"（《子罕》）

子曰："兴于《诗》，立于礼，成于乐。"（《泰伯》）

子曰："小子何莫学夫《诗》？《诗》，可以兴，可以观，

可以群，可以怨。 迩之事父，远之事君；多识于鸟兽草木之名。"（《阳货》）

陈亢问于伯鱼曰："子亦有异闻乎？"对曰："未也。 尝独立，鲤趋而过庭。 曰：'学《诗》乎？'对曰：'未也。''不学《诗》，无以言。'鲤退而学《诗》。 他日，又独立，鲤趋而过庭。 曰'学礼乎？'对曰：'未也。''不学礼，无以立。'鲤退而学礼。 闻斯二者。"陈亢退而喜曰："问一得三，闻《诗》，闻礼，又闻君子之远其子也。"（《季氏》）

子以四教：文、行、忠、信。 （《述而》）

子曰："学而时习之，不亦说乎？ 有朋自远方来，不亦乐乎？ 人不知而不愠，不亦君子乎？"（《学而》）

子贡问曰："孔文子何以谓之'文'"也？"子曰："敏而好学，不耻下问，是以谓之文也。"（《公冶长》）

子曰："由，诲女知之乎！ 知之为知之，不知为不知，是知也。"（《为政》）

子曰："学而不思则罔，思而不学则殆。"（《为政》）

子曰："吾尝终日不食，终夜不寝，以思，无益，不如学也。"（《卫灵公》）

子曰："质胜文则野，文胜质则史。 文质彬彬，然后君子。"（《雍也》）

子曰："不愤不启，不悱不发。 举一隅，不以三隅反，则不复也。"（《述而》）

子曰："默而识（zhì）之，学而不厌，诲人不倦，何有于我哉？"（《述而》）

子曰："三人行，必有我师焉，择其善者而从之，其不善者而改之。"（《述而》）

子曰："温故而知新，可以为师矣。"（《为政》）。

孟 子（节选）

《孟子》是儒家的经典著作，战国中期孟子及其弟子万章、公孙丑等著。书中记载有孟子及其弟子的政治、教育、哲学、伦理等思想观点和政治活动。《孟子》亦为四书之一。孟子是继孔子之后的儒学大家，他提倡性善论，认为人人都具有先验的道德意识，即"良知"。孟子提出了不少有关道德教育的理论，如理性的启发、道德情感的培养、意志的锻炼等。

孟子曰："人皆有不忍人之心。先王有不忍人之心，斯有不忍人之政矣。以不忍人之心，行不忍人之政，治天下可运之掌上。所以谓人皆有不忍人之心者，今人乍见孺子将入于井，皆有怵惕①恻隐之心，非所以内交②于孺子之父母也，非所以要誉于乡党朋友也，非恶其声而然也。由是观之，无恻隐之心，非人也；无羞恶之心，非人也；无辞让之心，非人也；无是非之心，非人也。恻隐之心，仁之端③也；羞恶之心，义之端也；辞让之心，礼之端也；是非之心，智之端也。人之有是四端也，犹其有四体也。有是四端而自谓不能者，自贼者也；谓其君不能者，贼其君者也。凡有四端于我者，知皆扩而充之矣，若火之始然，泉之始达。苟能充之，足以保四海；苟不充之，不足以事父母。"（《公孙丑》上）

注释

①怵惕：恐惧警惕。

②内交：结交。 内，同"纳"。

③端：发端，萌芽。

译文

孟子说："每个人都有怜悯他人的心。 古代圣王有怜悯体恤别人的心，所以才有体恤百姓的仁德之政。 用怜悯体恤别人的心，施行怜悯体恤百姓的政令，治理天下就可以像在手掌里面运转东西一样容易。 之所以说人人都有体恤同情别人的心，是因为假如有人看见小孩要掉进井里面去了，必然会产生惊惧同情的心理，这并不是想去和这孩子的父母结交，也不是想在乡邻朋友中博取声誉，更不是因为厌恶孩子的哭喊声才产生这种心理。 由此看来，没有同情心，不配为人；没有羞耻心，不配为人；没有谦让心，不配为人；没有是非心，不配为人。 同情心是仁爱的发端；羞耻心是义气的发端；谦让心是礼仪的发端；是非心是智慧的发端。 人有这四种发端，就像有四肢一样。 有了同情心、羞耻心、谦让心和是非心却自认为不行的人就是自暴自弃的人；认为他的君主不行的人，是抛弃君主的人。 凡是有这四种发端的人，就像火刚刚开始燃烧，泉水刚刚开始流淌。 如果充实完善它们（四种发端），便能够安定天下；假如不充实完善它们，连父母都不能赡养。"

孟子曰："设为庠序学校以教之。 庠者，养也；校者，教也；序者，射也。 夏曰校，殷曰序，周曰庠；学则三代共之，皆所以明人伦也。 人伦明于上，小民亲于下。 有王者起，必来取法，是为王者师也。 《诗》云：'周虽旧邦，其命惟新①'，文王之谓也。 子力行之，亦以新子之国。"（《滕文公》上）

注释

①周虽旧邦，其命惟新：出自《诗经·大雅·文王》。周虽然是一个古老的邦国，但使命在于革新，文王得以受命而成为天子，周也焕发出新气象。

译文

孟子说："要兴办'庠''序''学''校'来教育人民。'庠'是教养的意思，'校'是教导的意思，'序'是教射箭的意思。夏代叫'校'，商代叫'序'，周代叫'庠'；'学'这个名称，夏商周三个朝代都这么叫，目的都是为了让人明白人的伦常。如果诸侯、卿、大夫、士等上层人士都明白了人的伦常，普通老百姓自然会和睦相处。这时如有圣王兴起，也一定会来学习并效法的，这等于做了圣王的老师。《诗经》说：'周虽然是一个古老的邦国，但使命在于革新，文王受命成为天子，周也焕发出新气象。'这是赞美周文王的诗。你努力践行，兴办教育，你的国家也会气象一新！"

孟子曰："仁言不如仁声之入人深也①，善政不如善教之得民也。善政，民畏之；善教，民爱之。善政得民财，善教得民心。"（《尽心》上）

注释

①仁言不如仁声之入人深也：政教法度的训言，不如雅颂乐声深入人心。

译文

孟子说："政教法度的训言，不如雅颂乐声深入人心。好的政令不如良好的教育能获得民心。 好的政令，百姓畏惧它；好的教育，百姓热爱它。 好的政令能聚敛百姓的财富，好的教育能赢得民心的拥护。"

孟子曰："君子之所以教者五：有如时雨化之者，有成德者，有达财①者，有答问者，有私淑艾②者。 此五者，君子之所以教也。"（《尽心》上）

注释

①财：通"才"，才能。

②私淑艾：意思是不能登君子之门直接受教，而是间接了解其修养学问，自学之以善治其身。 淑：通"叔"，拾取，获益。艾：通"刈"，取。

译文

孟子说："君子实施教化的方式有五种，有像及时雨一样滋润熏陶的，有帮助成就其德行的，有培养才能的，有答疑解惑的，有凭借学识品性的传播而使人受到教诲的。 这五种就是君子用来施行教化的方法。"

荀子·劝学(节选)

　　《荀子》是战国时期荀子和其弟子整理或记录他人言行的哲学著作。荀子，名况，战国末期赵国人，著名思想家、教育家、政治家。曾三次出任齐国稷下学官的祭酒。荀子在人性问题上，提倡性恶论，主张人性本恶，强调后天环境和教育对人的影响。《劝学》篇是《荀子》的首篇，专论教育问题。《劝学》篇中，首先，肯定环境和教育对人的发展的决定性作用，揭示了学习的重要意义；其次，论述学习应有正确的学习态度；再次，论述学习的内容和方法，他认为人的教养不能仅仅从书本中获得，更重要的是要效仿现实中的榜样。

　　君子曰："学不可以已。"青，取之于蓝，而青于蓝；冰，水为之，而寒于水。木直中绳，𫐓（róu）①以为轮，其曲中规。虽有槁暴，不复挺者，𫐓使之然也。故木受绳则直，金就砺则利，君子博学而日参省乎己，则知明而行无过矣。故不登高山，不知天之高也；不临深溪，不知地之厚也；不闻先王之遗言，不知学问之大也。干越②夷貉之子，生而同声，长而异俗，教使之然也。《诗》曰："嗟尔君子，无恒安息。靖共尔位，好是正直。神之听之，介尔景福③。"神莫大于化道；福莫长于无祸。

　　吾尝终日而思矣，不如须臾之所学也；吾尝跂④而望矣，不如登高之博见也。登高而招，臂非加长也，而见者远；顺风而呼，声非加疾也，而闻者彰。假⑤舆马者，非利足也，而致千里；假舟楫者，非能水也，而绝江河。君子生非异也，善假于物也。

南方有鸟焉，名曰蒙鸠，以羽为巢，而编之以发，系之苇苕，风至苕折，卵破子死。巢非不完也，所系者然也。西方有木焉，名曰射干，茎长四寸，生于高山之上，而临百仞之渊，木茎非能长也，所立者然也。蓬生麻中，不扶而直；白沙在涅⑥，与之俱黑。兰槐之根是为芷，其渐之滫（xiǔ）⑦，君子不近，庶人不服。其质非不美也，所渐者然也。故君子居必择乡，游必就士，所以防邪辟而近中正也。

注释

①輮：通"煣"，用火烤使直木弯曲。

②干越："干"原为吴的敌国，后并于吴，故吴亦称"干"。干越犹言吴越，皆国名。

③嗟尔君子，无恒安息。靖共尔位，好是正直。神之听之，介尔景福：出自《诗经·小雅·小明》。诗的大意是：君子们啊，不要总是贪图享乐啊。要恭敬地忠于自己的职责，亲近正直和贤良的人。神明觉察到你的行为，会赐予你大的福报。恒：经常。靖：恭敬。介：给予。景福：大福。

④跂：踮起脚后跟。

⑤假：凭借，借助。

⑥涅：黑泥。

⑦渐之滫：浸入污水里。渐：浸。滫：泔水，引申为污水、脏水。

译文

君子说：学习是不可以停止的。靛青，是从蓼蓝里提取的，然而却比蓼蓝颜色更青；冰，是水凝结而成的，然而却比水更寒冷。 木材笔直，合乎墨线，用火烤使它弯曲成车轮状，那么木材的弯度就圆到合乎做车轮的标准了。 即使再被太阳暴晒而干枯了，木材也不会再变直，那是輮的方式使它成为这样的。所以木材经墨线比量再经过加工就变得笔直，金属制的刀剑拿到磨刀石上去磨就能变得锋利，君子广泛学习，并且每天检验反省自己，那么他就会变得智慧明理并且行动没有过错。 因此，不登上高山，就不知道天有多高；不面对深涧，就不知道地有多厚；不懂得先王的遗教，就不知道学问的博大。 干、越、夷、貉的孩子，刚生下来啼哭的声音是一样的，而长大后习性品德却不相同，这是教育发挥了作用。 《诗经》中说："君子们啊，不要总是贪图享乐。 要恭敬地忠于自己的职责，亲近正直和贤良的人。 神明觉察到你的行为，会赐予你大的福报。"精神修养的最佳方法是被美德熏陶感染；人最大的福分是无灾无祸。

我曾经一天到晚苦思冥想，却比不上片刻学到的知识；我曾经踮起脚后跟向远处看，却不如登到高处看得广阔。 登到高处招手，手臂并没有加长，可是远处的人却能看见；顺着风喊，声音并没有加大，可是听的人却能听得很清楚。 借助车马的人，并不是脚走得快，却可以到达千里之外；借助舟船的人，并不是善于游泳，却可以横渡长江黄河。 君子的资质秉性跟一般人没什么不同，只是他们善于借助外物罢了。

南方有一种鸟，名字叫蒙鸠，用羽毛做窝，还用毛发把窝编结起来，把窝系在芦苇穗上，风一吹苇穗就折断了，鸟窝也就坠落了，鸟蛋摔碎，幼鸟也被摔死了。 不是窝没编好，而是不该把窝系在芦苇上。 西方有一种草，名字叫射干，只有四寸高，但因生长在高山上，就能俯瞰百丈深渊，不是草长得高，而是因为它长在了高山之巅。 蓬草长在麻地里，不用扶持也能挺直，白沙混进了黑泥，就再也不能变白了。 兰槐的根叫香艾，可一旦浸入污水里，君子不愿意靠近，百姓也不愿意再佩戴。 不是艾本身不香，而是被污水泡臭了。 所以君子要选择好的环境定居，要选择有德行的人交往，如此才能防止自己受到邪佞怪癖之人的影响，逐渐接近中正之道。

学记（节选）

《学记》是古代中国典章制度专著《礼记》中的一篇文章，一般认为是战国晚期思孟学派的作品，是中国，也是世界上最早的专门论述教育和教学问题的论著。《学记》语言精辟，言简意赅，是我国乃至世界古代教育思想的瑰宝。《学记》中的教育教学理念、教育教学方法和教育教学原则等有利于师范类专业的学生提升教学能力、掌握有效的教学方法、树立正确的教学观念。

发虑宪①，求善良，足以谤（xiǎo）闻②，不足以动众。就贤体远③，足以动众，未足以化民。君子如欲化民成俗，其必由学乎。

玉不琢，不成器；人不学，不知道。是故，古之王者，建国君民，教学为先。《兑命》④曰："念终始典于学。"其此之谓乎！

虽有嘉肴，弗食不知其旨⑤也；虽有至道，弗学不知其善也。是故，学然后知不足，教然后知困。知不足，然后能自反也；知困，然后能自强也。故曰：教学相长也。《兑命》曰："斅（xiào）⑥学半。"，其此之谓乎！

古之教者，家有塾，党有庠，术有序，国有学⑦。比年入学，中年考校⑧。一年视离经辨志，三年视敬业乐群，五年视博习亲师，七年视论学取友，谓之小成。九年知类通达，强立而不反，谓之大成。夫然后足以化民易俗，近者说服而远者怀之，此大学之道也。记⑨曰："蛾（yǐ）⑩子时术之。"，其此之谓乎！

…………

今之教者，呻其占毕^⑪，多其讯言，及于数进而不顾其安。使人不由其诚，教人不尽其材。其施之也悖，其求之也佛。夫然，故隐其学而疾其师，苦其难而不知其益也。虽终其业，其去之必速。教之不刑，其此之由乎！

大学之法：禁于未发之谓豫^⑫；当其可之谓时；不陵节而施之谓孙^⑬；相观而善之谓摩。此四者，教之所由兴也。

发然后禁，则扞（hàn）格而不胜；时过然后学，则勤苦而难成；杂施而不孙，则坏乱而不修；独学而无友，则孤陋而寡闻；燕朋逆其师；燕辟废其学。此六者，教之所由废也。

君子既知教之所由兴，又知教之所由废，然后可以为人师也。故君子之教喻^⑭也：道而弗牵；强而弗抑；开而弗达。道而弗牵则和；强而弗抑则易；开而弗达则思。和易以思，可谓善喻矣。

学者有四失，教者必知之。人之学也，或失则多，或失则寡，或失则易，或失则止。此四者，心之莫同也。知其心，然后能救其失也。教也者，长善而救其失者也。

善歌者使人继其声；善教者使人继其志。其言也，约而达^⑮，微而臧，罕譬而喻，可谓继志矣。

君子知至学之难易而知其美恶，然后能博喻。能博喻然后能为师，能为师然后能为长，能为长然后能为君。故师也者，所以学为君也。是故择师不可不慎也。记曰："三王四代^⑯唯其师。"其此之谓乎！

凡学之道，严师为难。师严然后道尊，道尊然后民知敬学。是故君之所以不臣于其臣者二；当其为尸，则弗臣也；当其为师，则弗臣也。大学之礼，虽诏于天子无北面，所以尊师也⑰。

善学者师逸而功倍，又从而庸之；不善学者师勤而功半，又从而怨之。善问者如攻坚木，先其易者后其节目，及其久也，相说以解。不善问者反此。善待问者如撞钟，叩之以小者则小鸣，叩之以大者则大鸣。待其从容，然后尽其声。不善答问者反此。此皆进学之道也。

注释

①发虑宪：思虑要合于法度。郑玄注："宪，法也。言发计虑当拟度于法式。"

②谀闻：小小的声望。谀，小。闻，声望。

③就贤体远：亲近贤能之人，体恤百姓。就贤，亲近贤能之人。体远，体恤百姓。

④《兑命》：《兑命》为《尚书》篇名。兑，应为"说"，音 yuè。

⑤旨：美味。

⑥敩：王夫之说："敩以自强，而研理益精，足以当学之半也。"敩，教、教导。

⑦古之教者，家有塾，党有庠，术有序，国有学：据《周礼》，古二十五家为闾，聚居一巷，巷门有塾，民朝夕出入时，在塾受教。五百家为党，党有庠，以教闾塾所升者。万二千五百家为遂（即术），遂有序，以教党庠所升者。诸侯及天子国中有学，以教世子、群后之子及遂序选升之士。术，音 suì，通"遂"。

⑧比年入学，中年考校：每年招收学生入学，每隔一年考查学生一次。比年，每年。中年，隔一年。

⑨记：古代指记言、记事的书。

⑩蛾："蚁"的古字，蚂蚁。

⑪呻其占毕：念诵书简。 呻，念诵。 占毕，竹简、书简。

⑫豫：预备，预先准备，这里引申为预防。

⑬不陵节而施之谓孙：不超越学生的接受能力循序渐进地进行教学，就叫作合乎顺序。 陵，超越。 节，等次，这里引申为接受能力。 施，施教。 孙，顺序。

⑭喻：启发、引导。

⑮约而达：简约而透彻。

⑯三王四代：三王，夏禹、商汤、周文王；四代，夏、商、周、虞。

⑰虽诏于天子无北面，所以尊师也：在朝，天子面向南，臣子面向北；在学，天子面向东，教师面向西，不以臣待之，表示尊师。

译文

思虑要合于法度，征召品德善良的人士辅佐自己，可以得到小小的声望，却不能够感动民众；如果亲近贤能之人，体恤百姓，可以感动民众，但不能改变民心。 君子要想感化民心，移风易俗，就一定要重视设学施教。

玉石不经雕琢，就不能变成好的器物；人不经过学习，就不会明白道理。 所以古代的仁君圣王，建立国家，统治人民，一定会把教育放在首要位置。《尚书·兑命》中说："道德观念的培养始终要通过教育来实现。"说的就是这个道理啊！

尽管有美味可口的菜肴，不吃就不知道它的滋味；尽管有高深完善的道理，不学习也不会了解它的价值。 所以，通过学习才能知道自己的不足，通过教导别人才能感知到自己的困惑。知道自己学业的不足，才能反省自己更加严格地要求自己；感到困惑然后才能不倦地钻研让自己能力更强。 所以说，教与学是互相促进的。《兑命》中说："在教学过程中，教是学的一半。"说的就是这个道理啊！

古代设学施教，每一"间"设有学校叫"塾"，每一"党"设有学校叫"庠"，每一"术"设有学校叫"序"，在天子或诸侯的国都设立有学校叫"学"。 学校每年招收学生入学，每隔一年考查学生一次。 第一年考查学生分章断句等基本阅读能力；第三年考查学生是否专心学习和亲近同学；第五年考查学生是否能广博地学习和亲近老师；第七年考查学生讨论学问和识别朋友的能力，这一阶段学习合格叫"小成"。 第九年学生应能举一反三，推事论理，并有坚定的信念，不违背老师的教诲，完成这一阶段的学习目标叫"大成"。 唯有这样，才能教化百姓，移风易俗，周围的人才能心悦诚服，远方的人也会来归顺，这就是大学育人的宗旨。 书上说："求学的人应效法小蚂蚁衔土不息而建成大蚁巢的精神。"说的就是这个道理啊！

…………

如今教书的人，只知道念诵书简，一味地灌输知识，急于追求教学速度，而不顾学生能否适应。 教人不能因材施教，不能使学生的才能得到充分施展。 教学的方法违背了教学的原则，提出的要求不符合学生的实际。 这样，学生就会对学习有抵触心理，并怨恨老师，（学生）只是苦于学业的艰难，却不懂得它的益处。 即使学业完成，所学的东西也必然会很快忘记。 教学的目的达不到，原因就在这里啊！

大学施教的方法：在学生的错误没有发生时就提前防范，叫作预防；在恰当的时机进行教育，叫作及时；不超越学生的接受能力循序渐进地进行教学，叫作合乎顺序；学生之间互相交流切磋、取长补短，叫作观摩。 这四种方法是教学能够成功的经验。

如果在不良行为发生以后才去禁止，学生容易产生抵触情绪而难以纠正；如果错过了最佳时机后再去学习，尽管勤奋刻苦也难以成功；如果教学过程杂乱无章而不循序渐进，就会出现混乱无序的局面不能取得很好的成效；如果独自学习而没有好的学友一起讨论相互启发，就会导致见闻不广、学识浅薄；如果结交坏朋友就会违逆老师的教导；如果染上不好的言行就会荒废学业。 这六个方面是教学失败的原因。

如果君子既掌握了教学成功的经验，又知道了教学失败的原因，就可以当好教师了。 所以说教师对人施教，就是启发引导：引导而不强制；劝勉而不打压；启发、指导学习的方法，而不把答案直接告诉他们。 教师对学生引导而不强制，则师生关系融洽；劝勉而不打压，学生才能感到学习是件愉快的事；启发而不包办，学生才会积极主动思考。 教师能做到师生关系和谐融洽，使学生感知到学习的趣味，并能独立思考，可以说就是善于启发引导了。

学生在学习中容易出现四种过失，施教的人必须要了解。人们在学习的时候，有的人贪多而不求甚解，有的人学习一点就满足而不去追求广博的知识，有的人认为所学内容很简单而不认真钻研，有的人在学习上不能持之以恒而容易浅尝辄止。 这四点，是由于学习者的心理不同而造成的。 教师只有懂得了学生这些不同的心理特点，才能帮助学生克服缺点。 教育的作用就是使学生发挥他们的优点并克服缺点。

善于唱歌的人，能使人情不自禁地跟着自己唱起来；善于施教的人，能引导学生自觉地跟着自己学。 教师讲课，要简约而透彻，精练而完善，举例不多，但能说明问题的实质。 这样，才可以达到使学生自觉地跟着自己学习的目的。

　　君子能根据学生学习过程中的表现来判断学生的资质，然后对学生进行多方面的启发诱导。能够多方面启发诱导，才能当好教师，能当好教师才能做官长，能做官长才能为人之君。所以说，当教师的人，就是指导学生如何学习从而成为可以"为君"之人。正因为如此，选择教师不可不慎重。古书上说："古代君王将选择老师作为首要任务。"说的就是这个道理啊！

　　求学之道，尊敬教师最难做到。只有教师受到尊敬，他所传授的道理和知识才能得到民众的尊重；道理和知识得到尊重，人们才会懂得重视学业。所以君王不以对待臣子的态度相待的臣子有两种：一是祭祀中作为神的替身的人，不以臣子相待；二是教师，不以臣子相待。根据礼制，这两种人被天子召见，可以免去朝见君王的礼节，这就是为了表示尊师重道。

　　善于学习的人，教师耗费较少精力教导就能取得很好的成绩，他们还会把这归功于教师教导有方；不善于学习的人，教师虽花费很多精力来教导而成绩却不尽如人意，他们还要埋怨教师。善于提问的人，先问容易的问题再问较难的问题，像木工砍木头，先从容易的地方着手再砍坚硬的关节，时间一久，疑难的问题也就迎刃而解了。不善于提问题的人却与此相反。善于回答问题的人，回答很有针对性，像撞钟一样，用力小钟声则小，用力大钟声则大，根据学生所提的问题给他们相应的回答。在解答问题时还会从容耐心地等待，等提问者把问题都说出来以后，再一一进行解答。不善于回答问题的人与此相反。以上这些都是增进学问的方法。

吕氏春秋·诬徒①（节选）

《吕氏春秋》也叫《吕览》，成书于秦始皇统一六国前夕，是吕不韦的门客集体写成。《吕氏春秋》共分为十二纪、八览、六论，共二十六卷，一百六十篇，二十余万字。《吕氏春秋》内容驳杂，注重博采众家学说，融合了儒家、墨家、法家、兵家、农家、纵横家、阴阳家等各家思想，所以《汉书·艺文志》等将其列入杂家。《诬徒》反映了儒家的教育思想，以对比的方式分析了"不能教者"与"善教者"及"不能学者"与"善学者"的不同的态度与方法，指出人的心理倾向是教学中应该考虑的重要因素，师生之间情意相合的心灵沟通、轻松顺畅的交往模式是教学成功的必要条件。

达师之教也，使弟子安焉、乐焉、休焉、游焉、肃焉、严焉。此六者得②于学，则邪辟之道塞矣，理义之术胜矣。此六者不得于学，则君不能令于臣，父不能令于子，师不能令于徒。

人之情，不能乐其所不安，不能得于其所不乐。为之而乐矣，奚待贤者？虽不肖者犹若劝之。为之而苦矣，奚待不肖者？虽贤者犹不能久。反诸人情，则得所以劝学矣。……

不能教者：志气不和，取舍数变，固无恒心，若晏③阴喜怒无处；言谈日易，以恣自行，失之在己，不肯自非，愎过自用，不可证移④；见权亲势及有富厚者，不论其材，不察其行，驱而教之，阿而谄之，若恐弗及；弟子居处修洁，身状出伦，闻识疏达，就学敏疾，本业几终⑤者，则从而抑之，难而悬之，妒而恶之。弟子去则冀终，居则不安，归则愧于父母兄弟，出则惭于知友邑里，此学者之所悲也，此师徒相与异心也。

人之情，恶异于己者，此师徒相与造怨尤也。 人之情，不能亲其所怨，不能誉其所恶，学业之败也，道术之废也，从此生矣。

善教者则不然，视徒如己，反己以教，则得教之情也。 所加于人，必可行于己，若此则师徒同体。

注释

①诬徒：原意是欺骗弟子的意思，这里是说老师如果教育方法不当，就等同于陷害学生。 徒，指弟子。

②得：契合，实现。

③晏：晴朗。

④证移：劝说改变。 证，规劝。

⑤几终：几乎要完成。

译文

通达事理的老师施行教育，能使学生安心、快乐、悠闲、从容、庄重、严肃。 如果这六方面在教学中实现了，那么通向邪僻的路就被阻断，正义之道就通达了。 如果这六方面在教学中不能实现，那么君主就不能命令臣下，父亲就不能支使儿子，老师就不能吩咐学生。

不喜欢让自己不安心的事物，不能从自己不喜欢的事物中有所得，这是人之常情。 如果做一件事能让人感到快乐，不用说贤人，即使是不肖之人都会努力去做。 一件事如果想起来都感到苦恼，不用说不肖之人，即使是贤人都不能坚持做下去。从人之常情出发，就会得出勉励人们学习的道理了。 ……

不善于教育人的老师：心志不平和，做事无原则，根本没有恒心，心情就像天气的晴阴一样变化万端，喜怒无常；话语言谈一日一变，放纵自己的行为，即使错误在于自己，也不肯认错，刚愎自用、自以为是，所作所为不会因他人的规劝而发生改变；对有权有势的人和富有的人，不衡量他们的才能，不考察他们的品行，就急切地去做他们的老师，巴结奉承，唯恐不及；对于平日里洁身自好、品德出众、见识广博、勤学好问，几乎要完成学业的学生，却打压他们，诘难、疏远他们，妒嫉、厌恶他们。学生想要离开却又渴望完成学业，想要留下来又不能安心学习，回去则有愧于父母兄弟，出门则羞见挚友乡亲，这是求学者的悲哀，这是师生不同心的原因。

人之常情，讨厌跟自己志趣不合的人，这是师生之间结怨的原因。人之常情，无法亲近自己所怨恨的人，无法称颂自己所憎恶的人，学业的荒废，道术的废弃，就由此产生了。

善于教育人的老师就不是这样了。他们对待学生如同对待自己一样，能够设身处地教导学生，这样就能抓住教育的本质。教给别人的东西首先自己要乐于接受，这样就能师生同心了。

诫子书

诸葛亮

> 诸葛亮，字孔明，号卧龙，琅琊阳都（今山东沂南）人，三国时期蜀汉丞相，中国古代杰出的政治家、军事家、文学家。《诫子书》和《诫外甥书》是诸葛亮分别写给儿子和外甥的家书，强调了励志教育在家庭教育中的重要作用。文字简练谨严却又充满着智慧理性，将普天下为人父者、为人长者的爱子、爱幼之情表达得非常深切、感人。

　　夫君子之行，静以修身，俭以养德。非淡泊无以明志，非宁静无以致远。夫学须静也，才须学也，非学无以广才，非志无以成学。淫慢①则不能励精，险躁②则不能治性。年与时驰，意与日去，遂成枯落，多不接世③。悲守穷庐，将复何及！

注释

①淫慢：懒散懈怠，过度享乐。

②险躁：冒险急躁。

③接世：接触社会，承担社会责任。

译文

　　品行操守高洁的君子，依靠内心的宁静来提高自身的修养，以生活节俭来培养高尚的品德。不恬淡寡欲无法明确志向，不排除外来干扰无法实现远大目标。学习必须静心专注，才干来自学习。不学习就无法增加见识、增长才干，不树立志向学习就没有持久的动力。懒散懈怠就无法振奋精神，冒险急躁就不能陶冶性情。年华随时光而飞逝，意志随岁月而被消磨，最终枯败零落，成为不了解世事、无法承担社会责任的人。只能悲哀地困守在贫寒的屋舍里，那时候悔恨又有什么用呢？

诫外甥书

夫志当存高远，慕先贤，绝情欲，弃凝滞①，使庶几之志②，揭然有所存，恻然有所感；忍屈伸，去细碎，广咨问，除嫌吝③。虽有淹留④，何损于美趣，何患于不济⑤。若志不强毅，意不慷慨，徒碌碌滞于俗，默默束于情，永窜伏⑥于凡庸，不免于下流矣！

注释

①凝滞：心思局限于某个范围，这里指世俗观念的束缚。

②庶几之志：接近或近似于圣贤的志向。

③嫌吝：猜疑犹豫。

④淹留：德才不显于世，这里指事业暂时停步不前，暂时得不到别人的认可。

⑤济：成功，实现。

⑥窜伏：藏匿，隐没。

译文

一个人应该树立远大的理想，追慕先贤，节制情欲，抛开世俗观念的束缚，将那些接近圣贤的志向牢固树立，使自己的内心有所触动，心领神会；要学会从容应对人生道路上的起落沉浮，不要在琐碎事务上浪费太多的时间和精力，要学会向别人请教，广泛听取各方面的建议，不要猜疑犹豫、怨天尤人。做到这些以后，虽然也有可能在事业上暂时停步不前，暂时得不到别人的认可，但是这些又怎么会损毁你高尚的情操和远大的志向呢？又何必担心事业会不成功呢？如果志向不坚定，思想境界不高远，沉溺于世俗琐事私情，碌碌无为，永远藏匿在平庸之辈之中，则难免会沦落为没有出息的人。

颜氏家训·勉学（节选）

颜之推

颜之推，字介，生于江陵（今湖北江陵），是魏晋南北朝时期著名的文学家、教育家。颜之推博学多识，一生著述颇丰，所著书大多已亡佚，今存《颜氏家训》和《还冤志》两书。《颜氏家训》记录了颜之推生平的学养与见解，评论时政、文教、风俗，借历史和当代事例，教授子孙立身处世之方。后人以之为家教规范，流传极广。《勉学》篇论述为学见解。针对"贵游子弟，多无学术"的现实情况，认为士人当以"讲议经书"为业，勤学博习，突出强调了"积财千万，不如薄伎在身"的古老智慧，又提出幼年时精神专注宜于接受教育的理念。

　　人生在世，会当有业，农民则计量耕稼，商贾则讨论货贿①，工巧则致精器用，伎艺则沉思法术，武夫则惯习弓马，文士则讲议经书。多见士大夫耻涉农商，羞务工伎，射则不能穿札，笔则才记姓名，饱食醉酒，忽忽无事，以此销日，以此终年。或因家世余绪，得一阶半级，便自为足，全忘修学。及有吉凶大事，议论得失，蒙然②张口，如坐云雾；公私宴集，谈古赋诗，塞默低头，欠伸而已。有识旁观，代其入地。何惜数年勤学，长受一生愧辱哉！

　　…………

　　夫明六经之指，涉百家之书，纵不能增益德行，敦厉风俗，犹为一艺，得以自资。父兄不可常依，乡国不可常保，一旦流离，无人庇荫，当自求诸身耳。谚曰："积财千万，不如薄伎在身。"伎之易习而可贵者，无过读书也。世人不问愚智，皆欲识人之多，见事之广，而不肯读书，是犹求饱而懒营馔，欲暖而惰裁衣也。夫读书之人，自羲农已来，宇宙之下，凡识几人，凡见几事，生民之成败好恶，固不足论，天地所不能藏，鬼神所不能隐也。

....

人生小幼，精神专利，长成已后，思虑散逸，固须早教，勿失机也。

注释

①货贿：指货物的利润。
②蒙然：模糊不明。

译文

人生在世，应当有自己从事的职业。农民要心系耕作和庄稼，商人要讨论货物利润的高低，工匠要精心打造器具，有技艺的人要考虑技艺的精进，习武的人要练习骑马射箭，文人士大夫要研究探讨经书。常常看到士大夫耻于涉足农商，又没有工匠和艺人的技艺，射箭不能射穿铠甲，执笔写作则只能记得自己的姓名，酒足饭饱，无所事事，就这样消磨时间，荒废年华。有的人凭家族荫庇，谋得一官半职，就自感满足，全然忘记学习知识和修养身心。遇到婚丧嫁娶等大事，谈论好坏得失时，就昏昏然瞠目结舌，如陷在云雾之中一般茫然无知；在各种公私宴会上，大家谈古论今、吟诗作对时却沉默低头，只会打呵欠伸懒腰，毫无应和之能。 旁观的有识之士，都替他羞愧得无地自容。 何必吝惜几年的勤学时光，而忍受一辈子的屈辱呢？

…………

通晓六经的要旨，涉猎诸子百家的著述，即使不能增进德行，移风易俗，也至少算是掌握了一技之长。 父母兄长不能长久依靠，家乡故国也不一定总是和平安定，一旦流离失所，没有人庇护，就只能靠自己。 谚语说："无论积累多少钱财，都不如学一技之长。"各种技艺中最容易掌握而又值得推崇的，莫过于读书。 世上的人不管是愚昧的还是智慧的，都希望见多识广，但却又不肯读书，这就如同想要填饱肚子却又懒得去做饭，想要穿得暖和却又懒得去做衣服一样。 那些读书的人，从伏羲氏、神农氏以来，见识了多少人，知晓了多少事，人们的成败与好恶自然不用说，就连天地万物、鬼怪神灵也都能知悉。

…………

人在小的时候，精神专注而敏锐，长大以后，心思分散，因此，必须尽早进行教育，不能错过良机。

第二部分

蒙学经典篇

卷首语

　　蒙学读本也称"蒙养书""小儿书"，是古时专为儿童教育创作和编写的课本，以便学童学习名物常识、历史知识、诗文歌赋。《三字经》《百家姓》《千字文》《童蒙须知》《千家诗》《笠翁对韵》《弟子规》等都是中国古代蒙学读本中流传广泛、影响久远的经典作品。尤其是《三字经》《百家姓》《千字文》合称"三、百、千"，是千百年来学童必读的经典之作。

千字文（节选）

　　《千字文》是南朝的才子周兴嗣所作，周兴嗣是南梁陈郡项（今河南项城）人，他以文学方面的突出才华受到梁武帝萧衍的赏识，《千字文》就是周兴嗣奉梁武帝之命编撰的。《千字文》是由一千个不重复的单字组成的韵文，四字一句，共二百五十句。两句一韵，对仗工整，音节顿挫，易记易懂，是一本集识字、学书、习文、增广见闻和伦理思想启蒙等功能于一身的综合性启蒙读物，可使学童在学习文化、探索自然、传承文明、成家立业等方面获益良多。《千字文》自隋朝开始广为流行，直到当下仍然是学龄前儿童重要的启蒙素材。

天地玄黄，宇宙洪荒。

日月盈昃，辰宿列张。

译文

　　苍天有黑色深邃的气象，大地有黄色博大的气度；宇宙形成之初万物混沌蒙昧。太阳东升西落，月亮圆缺轮替；满天的星宿有序排列，分布在辽阔浩瀚的天空。

寒来暑往，秋收冬藏。

闰余成岁，律吕调阳。

云腾致雨，露结为霜。

译文

　　一年四季，严寒来临暑热消退，寒暑循环不止；秋天收割庄稼，冬天储存粮食。 积累数年的闰余合并为一个月，放在闰年里；乐律中有六律六吕配合十二个月来调节阴阳。 水气升腾至天空变为云，遇冷降落而成雨；露水遇上寒夜，很快凝结为霜。

金生丽水，玉出昆冈。

剑号巨阙，珠称夜光。

译文

黄金盛产于金沙江，美玉多出自昆仑山。 最有名的宝剑称"巨阙"，最珍贵的明珠叫"夜光"。

果珍李柰，菜重芥姜。

海咸河淡，鳞潜羽翔。

译文

珍贵的水果有李子和柰子；重要的蔬菜是芥菜与生姜。 海水的味道咸，河水的味道淡；鱼儿在水中畅游，鸟儿在空中展翅飞翔。

龙师火帝，鸟官人皇。

始制文字，乃服衣裳。

译文

龙师是三皇之首的伏羲氏，火帝就是炎帝神农氏；鸟官是黄帝的长子少昊氏，上古时代有天皇、地皇、人皇的传说，人皇便是传说中的人皇氏。 黄帝的史官仓颉初创文字，嫘祖教民众制作衣裳。

推位让国，有虞陶唐。

吊民伐罪，周发殷汤。

译文

尧帝陶唐氏禅让王位于圣君舜帝；舜帝有虞氏让国给圣贤大禹。明君商汤讨伐暴君夏桀，抚慰民心、平定四方；贤主周武王姬发征伐昏君商纣王，体恤百姓、安定天下。

坐朝问道，垂拱平章。

爱育黎首，臣伏戎羌。

遐迩一体，率宾归王。

译文

圣王端坐朝堂向大臣们询问治国之道，垂衣拱手便能平治天下。圣王善待黎民，教化百姓；明君以德感化外族，戎羌悦服称臣。无论远近大小，九州八方都成一体；四海民众心悦诚服，皆来归顺圣王。

鸣凤在竹，白驹食场。

化被草木，赖及万方。

译文

凤凰在竹林间欢快鸣唱，预兆祥瑞；白马驹在草场悠然吃草，尽显安宁。圣王的感召教化惠及草木万物，明君的仁德恩泽遍及普天下的百姓。

百家姓（节选）

《百家姓》是集中华姓氏为四言韵语的蒙学识字课本，作者不详，文献记载其成文于北宋初期。《百家姓》形式上四字为句，合辙押韵，但这些有韵律、有节奏的句子只是表示姓氏的汉字的罗列，并无其他含义。"赵钱孙李，周吴郑王"，海内外的中华儿女几乎人人可以脱口诵出《百家姓》中的这些句子，可见其影响深远。

赵钱孙李，周吴郑王。

冯陈褚卫，蒋沈韩杨。

朱秦尤许，何吕施张。

孔曹严华，金魏陶姜。

戚谢邹喻，柏水窦章。

云苏潘葛，奚范彭郎。

鲁韦昌马，苗凤花方。

俞任袁柳，酆鲍史唐。

费廉岑薛，雷贺倪汤。

滕殷罗毕，郝邬安常。

乐于时傅，皮卞齐康。

三字经（节选）

《三字经》的作者是谁尚无定论，一般认为是南宋的大学者王应麟所作，以后各朝代均有人增补、修订和注解。《三字经》三字成句，简单易读，内涵丰富，不仅精心挑选了幼儿识字需要掌握的基本字词，还将道德思想、文化伦理、纲常法度、历史知识、生活常识、四书五经等丰富的内容以巧妙的方式融入其中，受到后世推崇。《三字经》流传范围非常广泛，韩国、日本等国家也有大量的儿童习读，在明清时期还出现了《蒙汉三字经》《满汉三字经》等版本。《三字经》中的一些段落更是成为家喻户晓的警句格言，至今被传诵。 因此，《三字经》有"蒙学之冠"的美誉，也被赞誉为"袖里通鉴纲目""千古一奇书"。

人之初，性本善，性相近，习相远。
苟不教，性乃迁，教之道，贵以专。

译文

人刚刚出生时，本性纯正善良；人的天性虽然相近，但是在成长的过程中由于生长环境和所受教育的不同，性情就会产生好坏的差别。 如果不悉心教育孩子，孩子善良的本性就可能变坏；教育孩子最重要的是专心致志、持之以恒。

昔孟母，择邻处，子不学，断机杼。

窦燕山，有义方，教五子，名俱扬。

译文

战国时，孟子的母亲为了给孟子创造良好的居住和学习环境曾三次搬家；有一次孟子逃学回家，孟母就剪断织布机上将要织成的布，以此来劝诫孟子读书要专注勤奋和持之以恒。五代时，燕山人窦禹钧，教育孩子的方法正确恰当，他培养的五个孩子都很有成就，个个声名远扬。

养不教，父之过，教不严，师之惰。

子不学，非所宜，幼不学，老何为。

译文

只生养而不教育孩子，这是父母的过错；在教育孩子的过程中不严格，就是老师的失职了。年少时不肯学习，是很不应该的；倘若小时候不努力学习，既没有知识又不懂为人处世的道理，长大了能有什么作为呢？

玉不琢，不成器，人不学，不知义。

为人子，方少时，亲师友，习礼仪。

译文

玉石不打磨雕琢，不能成为精美的器物；人倘若不学习，就不会明白礼仪和为人处世的道理。作为儿女，应该从年少时就亲近良师，结交益友，学习礼节规矩。

香九龄，能温席，孝于亲，所当执。

融四岁，能让梨，弟于长，宜先知。

译文

东汉时期的黄香，九岁时就知道用体温为父亲温暖被窝，悉心周到地侍奉父亲；孝顺侍奉父母是子女应当做的事。孔融四岁的时候，就知道把大的梨让给哥哥吃，这种尊敬谦让兄长的道理，是每个人从小就应该知道的。

首孝悌，次见闻，知某数，识某文。

一而十，十而百，百而千，千而万。

译文

一个人首先要学习的就是孝顺父母、尊敬兄长的道理，其次才是学习文化知识，增长见闻；学会一些基础的算术，能够认读文字文章。这样从一到十，十个十相加是一百，十个一百相加为一千，十个一千相加是一万，万以后推演至无穷。

三才者，天地人，三光者，日月星。

三纲者，君臣义，父子亲，夫妇顺。

译文

古人所说的"三才"，是指天、地、人；古人所称"三光"，是指太阳、月亮、星星。古人提出的"三纲"是规范人与人之间人伦关系的准则，就是君王和臣子之间的言行要符合义理法度，父母与子女之间要相亲相爱，夫妻之间的相处要和顺融洽。

曰春夏，曰秋冬，此四时，运不穷。

曰南北，曰西东，此四方，应乎中。

译文

春、夏、秋、冬，是一年的四个季节；春归夏至，秋去冬来，如此不断变化、循环往复。 南、北、西、东，是空间中的四个方位；这四个方位须以中央为基准来相互对应。

曰水火，木金土，此五行，本乎数。

....

曰仁义，礼智信，此五常，不容紊。

译文

人们所说的"五行"就是水、火、木、金、土，世界上的万事万物都由五行构成；五行的生灭、变化源于数理。

....

古人倡导的"仁义礼智信"被称作"五常"，这五种准则必须遵守不容紊乱。

....

稻粱菽，麦黍稷，此六谷，人所食。

马牛羊，鸡犬豕，此六畜，人所饲。

译文

稻、粱、菽、麦、黍、稷合称为"六谷"，是人们赖以生存的食粮。 马、牛、羊、鸡、狗、猪合称"六畜"，这些动物是被人们驯化后可饲养的家畜。

曰喜怒，曰哀惧，爱恶欲，七情具。

…………

匏土革，木石金，丝与竹，乃八音。

译文

高兴、生气、悲伤、害怕、喜爱、厌恶这六种情绪人人都有。

…………

匏笙、陶埙、皮鼓、木柷、石磬、金钟、琴瑟、笛箫，是演奏音乐的八种乐器，统称八音。

…………

高曾祖，父而身，身而子，子而孙。
自子孙，至玄曾，乃九族，人之伦。

译文

高祖父生曾祖父，曾祖父生祖父，祖父生父亲，父亲生下我，我再生儿子，儿子又生孙子。孙子再生曾孙，曾孙生玄孙，从高祖父到玄孙称为"九族"，"九族"代表着家族血脉的传承和长幼尊卑的秩序。

父子恩，夫妇从，兄则友，弟则恭。
长幼序，友与朋，君则敬，臣则忠。
此十义，人所同。

译文

父子间要重恩情，夫妇间要和顺融洽，兄长对弟弟要友爱，弟弟对兄长要谦恭。长幼相处要讲尊卑秩序，朋友交往要守信用、讲义气，君主要尊重臣子，臣子要忠诚于君主。以上的父慈、子孝、夫和、妇从、兄友、弟恭、朋信、友义、君敬、臣忠等十种处理人际关系的准则，人人都应遵守。

童蒙须知（节选）

《童蒙须知》是宋代大儒朱熹撰写的一部启蒙读物。朱熹世称朱子，是南宋时期的理学家、思想家、教育家，是继孔子、孟子以后最为杰出的儒学大师。他一生致力于教育事业，不仅培养了一批优秀的儒家弟子，在蒙学教育领域也有诸多贡献，不仅提出了要进行正面教育、慎择师友等重要的教育理念，还亲自编写了《小学》《童蒙须知》等启蒙读物。他编写的启蒙读物用心缜密深切，贴近儿童实际生活，提出了具体可行的儿童行为规范。《童蒙须知》在具体的规范背后蕴含着儒家思想的精髓，教育性、生活性、实践性、义理性兼具。

读书写文字第四

凡读书，须整顿几案，令洁净端正。将书册整齐顿放，正身体，对书册，详缓看字，仔细分明。

译文

凡读书时，必须先整理几案，将其擦拭干净，摆放端正。将书册整齐放好，端正身体，正对书本，仔细从容地看清书上的文字，把书中的内容看得仔细分明、清清楚楚。

读之，须要读得字字响亮，不可误一字，不可少一字，不可多一字，不可倒一字。不可牵强暗记，只是要多诵遍数，自然上口，久远不忘。古人云："读书千遍，其义自见。"谓熟读，则不待解说，自晓其义也。

译文

朗读的时候，要把每一个字都响亮地读出来，不能读错一个字，不能少读一个字，不能多读一个字，不能前后颠倒读一个字。读书的时候不能勉强地死记硬背，只要一遍遍地多去诵读，自然能够顺口并且能够牢记，很长时间都不会忘记。古人说："书读得遍数多了，其中的思想、义理自然而然便显现出来了。"指的就是书读熟之后，不需要别人讲解，自己就能想通书中蕴含的道理。

余尝谓读书有三到：谓心到、眼到、口到。心不在此，则眼不看仔细，心眼既不专一，却只漫浪诵读，决不能记，记亦不能久也。三到之中，心到最急。心既到矣，眼口岂不到乎？

译文

我曾说读书时要"三到"：心到、眼到、口到。如果读书时心不在焉，那么眼睛看得也就不会认真仔细，心和眼都不专注，只是随意散漫地诵读，那一定记不住，即便记住了也不会记得长久。在"三到"中，"心到"是最重要的。如果心思已经到了，能全神贯注了，眼睛和口难道还能不到吗？

凡书册，须要爱护，不可损污绉折。济阳江禄，书读未完，虽有急速，必待掩束整齐，然后起，此最为可法。

译文

对于书本要多加爱护，不要污损折毁。南北朝时期，济阳人江禄，在书没有读完的时候，即使遇到很紧急的事情，也一定要把书合上、收拾整齐之后再起身去处理，这种做法是很值得学习的。

凡写文字，须高执墨锭，端正研磨，勿使墨汁污手。 高执笔，双钩端楷书字，不得令手指着毫。 凡写字，未问写得工拙如何，且要一笔一画，严正分明，不可潦草。 凡写文字，须要仔细看本，不可差讹。

译文

在写字的时候，必须拿着墨锭的上端，坐姿端正地磨墨，不要让墨汁把手弄脏。 握笔要高，手呈双钩状写端正的楷书，不要让手指碰到笔毫。 写字时无论字写得好坏、美丑，都要一笔一画地写，做到笔画分明、字迹端正，不能潦草。 抄写文章时必须要仔细地对照原本，不可出现差误。

弟子规（节选）

　　《弟子规》是以伦理道德教育为主的蒙学读本，原名《训蒙文》，由清代教育家李毓秀编撰而成，后经乾隆年间贾存仁修订整理改称《弟子规》，广为流传。《弟子规》紧扣孔子《论语·学而》中的"弟子入则孝，出则悌，谨而信，泛爱众，而亲仁，行有余力，则以学文"，匠心独运，以三言韵语阐释、演绎成一千余字的童蒙读本，阐述了学生居家在外应遵循和恪守的礼仪规范和言行准则。

凡是人，皆须爱，天同覆，地同载。

行高者，名自高，人所重，非貌高。

才大者，望自大，人所服，非言大。

译文

　　世间所有的人，都应该相亲相爱，因为人们共享一片蓝天，共同生活在同一块土地上。德行高尚的人，名望自然高，人们所看重的是品德，并非容貌的美丑。才学博大精深的人，声望自然大，人们所钦佩的是他的学识和才能而不是他会不会说大话。

己有能，勿自私，人所能，勿轻訾。

勿谄富，勿骄贫，勿厌故，勿喜新。

人不闲，勿事搅，人不安，勿话扰。

译文

自己若有才能和力量，切勿只顾自己，若他人才华出众，不要嫉妒不要毁谤。 不要巴结讨好富人，不要轻视欺辱贫寒的人，不要轻易忘记和厌弃老友，也不要一味喜爱新朋友。 别人正在忙碌时，不可用琐事去打扰，别人心中忐忑不安时，不要用闲言闲语去搅扰。

人有短，切莫揭，人有私，切莫说。

道人善，即是善，人知之，愈思勉。

扬人恶，即是恶，疾之甚，祸且作。

善相劝，德皆建，过不规，道两亏。

译文

别人的短处，不要揭穿，别人的隐私，不要传扬。 赞美称颂别人的善行，本身就是行善，对方听到这些称赞，会更加努力地做善事。 传播别人的过错，等于是作恶，放大别人的过错，就会给自己引来灾祸。 朋友之间如果以善相劝，彼此的品德修养都会提高，如果有过错而不相互规劝，双方的德行都会有瑕疵和欠缺。

凡取与，贵分晓，与宜多，取宜少。

将加人，先问己，己不欲，即速已。

恩欲报，怨欲忘，抱怨短，报恩长。

译文

财物的取得和给予，一定要分辨清楚，恰当分配自己所得和给予别人的财物，给予别人的应当多一些，索取的应当少一些。要求别人时，首先问自己愿不愿意做、能不能做到，如果是自己都不愿意做或者做不到的事情，就不要强求别人去做。 受人恩惠要记得报答，对人的怨恨应该忘记。 怨念留在心中的时间越短越好，别人的恩情记在心里越长久越好。

待婢仆，身贵端，虽贵端，慈而宽。

势服人，心不然，理服人，方无言。

译文

对待婢女男仆，主人自身要端正品行，虽然主人的品行端正很重要，但还要进一步做到宽厚仁慈。 以权势强迫别人服从，对方内心不服；若是以理服人，对方则会心悦诚服。

同是人，类不齐，流俗众，仁者希。

果仁者，人多畏，言不讳，色不媚。

译文

虽然同样是人，善恶正邪、美丑好坏却各不相同，流于平庸的世俗之人多，仁德贤良的人少。 真正有仁德有学识的贤人，大家自然敬畏他，这样的人言谈磊落、做事公正，神情坦然从容，不会有阿谀谄媚之态。

能亲仁，无限好，德日进，过日少。

不亲仁，无限害，小人进，百事坏。

译文

能够亲近品德高尚、学识广博的人，并向他学习，会有无限的好处，他会使我们的品德与日俱进，过失逐日减少。假如不亲近品德高尚、学识广博的人，会有无限的害处，小人会靠近我们，会引诱我们做很多错事坏事，导致整个人生的失败。

不力行，但学文，长浮华，成何人！

但力行，不学文，任己见，昧理真。

译文

不身体力行地按照书中的道理去做，只是死读书，纵有知识也只是徒增浮华习气，变成一个只会纸上谈兵的人，怎能成为一个真正有用的人呢？但是只是一味去做，而不读经典不学习先贤的思想，就会孤陋寡闻，放任自己的偏见，事理真谛也就无法辨别。

读书法，有三到，心眼口，信皆要。

方读此，勿慕彼，此未终，彼勿起。

译文

读书的时候必须注意三到：心到、眼到、口到。"三到"是读书的要领，确实很重要。开始读这本书，不要又想着另一本，这本书还未读完，就不要开始读另一本。

宽为限，紧用功，工夫到，滞塞通。

心有疑，随札记，就人问，求确义。

译文

制订读书方案时不妨放宽期限，但一旦开始阅读，务必抓紧时间，只要功夫下到了就会茅塞顿开，不懂的地方自然都能明白。 读书时，如果心有困惑疑问，就要随手做笔记，虚心向人讨教，求得确切的含义。

房室清，墙壁净，几案洁，笔砚正。

墨磨偏，心不端，字不敬，心先病。

译文

房间要收拾整洁，墙壁要保持干净，书桌要保持洁净，笔砚要摆放端正。 研墨时如果磨偏，说明心不在焉，字写得不工整，说明心神散乱、浮躁不安。

列典籍，有定处，读看毕，还原处。

虽有急，卷束齐，有缺损，就补之。

译文

典籍书册摆放整齐有序，存列在固定位置，如果阅读完毕，一定要放回原处，便于下次查找。 即使有急事要离开，也要把书卷收拾整齐，如果发现书卷有缺损，应当及时修补好。

非圣书，屏勿视，敝聪明，坏心志。

勿自暴，勿自弃，圣与贤，可驯致。

译文

如果不是圣贤之书，就摒弃不看，否则就会使自己的心智被蒙蔽，思想和志向也会遭到破坏。 遇到困难挫折的时候，坚持目标和志向，不要自暴自弃，圣人和贤人的境界虽高，我们通过勤学和努力是可以达到的。

笠翁对韵（节选）

《笠翁对韵》是清代初期的儿童启蒙读物，与康熙年间车万育所编写的《声律启蒙》属于同一类型，以让儿童学会对偶和押韵为目的，相传其作者是明末清初的著名艺术家李渔，题名中的"笠翁"就是李渔的号，"对韵"指对偶和押韵。《笠翁对韵》是声律、音韵和典故这些蒙学知识的综合体，它可为学生写作近体诗打下坚实的根基，是一部极好的诗文创作入门教材。

天对地，雨对风。大陆对长空。

山花对海树，赤日对苍穹。

雷隐隐，雾蒙蒙。日下对天中。

风高秋月白，雨霁晚霞红。

牛女二星河左右，参商两曜斗西东。

十月塞边，飒飒寒霜惊戍旅；

三冬江上，漫漫朔雪冷渔翁。

河对汉，绿对红。雨伯对雷公。

烟楼对雪洞，月殿对天宫。

云叆叇，日曈朦。蜡屐对渔蓬。

过天星似箭，吐魄月如弓。

驿旅客逢梅子雨，池亭人挹藕花风。

茅店村前，皓月坠林鸡唱韵；

板桥路上，青霜锁道马行踪。

山对海，华对嵩。四岳对三公。

宫花对禁柳，塞雁对江龙。

清暑殿，广寒宫。拾翠对题红。

庄周梦化蝶，吕望兆飞熊。

北牖当风停夏扇，南帘曝日省冬烘。

鹤舞楼头，玉笛弄残仙子月；

凤翔台上，紫箫吹断美人风。

千家诗（节选）

《千家诗》是流传极广、影响深远的儿童普及读物，当下流行的通行本定型于清代，由两部分组成，即"七言千家诗"和"五言千家诗"。《千家诗》撷取篇幅短小、易于记诵的五言、七言近体诗，所选诗人不拘于大家名家，既有一流诗人、帝王将相的诗，也有无名氏的打油诗，所选诗歌题材多样，怀古伤今、思乡怀人、侍宴应制等均有，较为广泛全面地反映了唐宋时期的社会风貌。它一经问世就受到广大读者的青睐。现代人们常常提到的蒙学读物"三百千千"，就是指《三字经》《百家姓》《千字文》和《千家诗》。

闲居初夏午睡起

杨万里

梅子留酸软齿牙，芭蕉分绿与窗纱。
日长睡起无情思，闲看儿童捉柳花。

译文

梅子味道很酸，吃过之后，牙齿之间还残留酸酸的味道；芭蕉初长，而绿色的影子映衬到纱窗上，使纱窗也多了一份绿色。夏日漫长人倦懒，午睡后起来无事可做，便闲看儿童捕捉空中飘飞的柳絮。

四时田园杂兴

范成大

昼出耘田夜绩麻，村庄儿女各当家。

童孙未解供耕织，也傍桑阴学种瓜。

译文

白天去田里辛勤耕种除草，晚上回来还要搓线织布，村里的男男女女各自都得担负起养家的重担。未懂事的小孩还不知道如何去耕种和织布，但也在桑树树荫下学起了种瓜。

村　晚

雷　震

草满池塘水满陂，山衔落日浸寒漪。

牧童归去横牛背，短笛无腔信口吹。

译文

池塘里长满了水草，池塘里的水几乎溢上了塘岸；远远的青山衔着红彤彤的落日，一起把影子倒映在波光粼粼的寒池之中。小牧童横骑在牛背上，拿着一支短笛，自由自在地随口吹着曲调，慢慢悠悠往家里走去。

元　日

王安石

爆竹声中一岁除，春风送暖入屠苏。

千门万户瞳瞳日，总把新桃换旧符。

译文

阵阵的爆竹声中，旧的一年已经过去；在和暖的春风里新的一年到来了，人们欢乐地畅饮着新酿的屠苏酒。 初升的太阳照耀着千家万户，人们都忙着取下旧的桃符，换上新的桃符。

立春偶成

张 栻

律回岁晚冰霜少，春到人间草木知。

便觉眼前生意满，东风吹水绿参差。

译文

春天到了，天气渐渐转暖，冰霜积雪虽然还有，但是已经很少了；草木都已经嗅到春天的气息，开始舒展枝条。 眼前的一片绿色，充满了勃勃生机；一阵东风吹来，水纹参差，碧波荡漾。

清 明

王禹偁

无花无酒过清明，兴味萧然似野僧。

昨日邻家乞新火，晓窗分与读书灯。

译文

在别人插柳赏花、踏青饮酒的时候，我无花可赏、无酒可饮；这个清明节过得寂寞清苦、索然无味，就像荒山野庙的和尚。 昨天从邻家讨来新燃的火种，在清晨破晓时分就在窗前点了灯，坐下来潜心读书。

山亭夏日

高　骈

绿树阴浓夏日长，楼台倒影入池塘。

水晶帘动微风起，满架蔷薇一院香。

译文

　　漫长的夏日里郁郁葱葱的绿树投下浓浓的树荫，楼台的倒影映入了池塘。水晶帘在微风中轻轻摆动，满架蔷薇飘香，带来一院芬芳。

观书有感

朱　熹

半亩方塘一鉴开，天光云影共徘徊。

问渠那得清如许？为有源头活水来。

译文

　　半亩大的方形池塘像一面镜子一样展现在眼前，天空的光彩和浮云的影子在池塘里来回移动。要问为何那方塘的水会这样干净清澈呢？是因为有那永不会枯竭的源头为它源源不断地输送活水啊。

江　村

杜　甫

清江一曲抱村流，长夏江村事事幽。

自去自来梁上燕，相亲相近水中鸥。

老妻画纸为棋局，稚子敲针作钓钩。

多病所须惟药物，微躯此外更何求。

译文

　　清澈的江水曲曲折折地绕着村庄流过，漫长的夏日里，村中的一切都显得幽静安闲。 梁上的燕子自由自在地飞来飞去，水中的鸥鸟相伴相随、融洽亲昵。 老妻正在用纸画一张棋盘，小儿子敲打着针做一只鱼钩。 多病的身体仅是需要一些药物，我还有什么别的奢求呢？

过香积寺

王　维

不知香积寺，数里入云峰。

古木无人径，深山何处钟。

泉声咽危石，日色冷青松。

薄暮空潭曲，安禅制毒龙。

译文

　　不知道香积寺在什么地方，攀登数里进入云雾缭绕的山峰。古木参天却没有人走的小径，深山里不知何处隐隐传来古寺钟鸣之声。 山中泉水在高耸的岩石间流淌，松林即便有日光照射也让人有清冷的感觉。 黄昏来临，在明净清澈的水潭旁，安然地修禅抑制心中非分的想法。

训蒙大意示教读刘伯颂等

　　《训蒙大意示教读刘伯颂等》，简称《训蒙大意》，是古代论述儿童教育的重要著作，是王守仁任南赣巡抚时颁发的教学条规。王守仁，字伯安，号阳明，浙江余姚人，明朝杰出的思想家、文学家、军事家、教育家。他反对盲目地服从封建的伦理道德，而强调个人的能动性，提出了"致良知"的哲学命题和"知行合一"的方法论，呼吁冲破封建思想禁锢，提倡个性解放。《训蒙大意》中要求教育活动要适应儿童身心发展的特点，说"童子之情，乐嬉游而惮拘检，……今教童子，必使其趋向鼓舞，中心喜悦，则其进自不能已"，反对"鞭挞绳缚，若待拘囚"。这些顺应儿童天性、遵循儿童发展规律、给儿童一定的自由成长空间的教育理念在当时是很先进的，也是很宝贵的。

　　古之教者，教以人伦，后世记诵词章之习起，而先王之教亡。今教童子，惟当以孝、悌、忠、信、礼、义、廉、耻为专务。其栽培涵养之方，则宜诱之歌诗，以发其志意；导之习礼，以肃其威仪；讽之读书，以开其知觉。今人往往以歌诗、习礼为不切时务，此皆末俗庸鄙之见，乌足以知古人立教之意哉！

　　大抵童子之情，乐嬉游而惮拘检，如草木之始萌芽，舒畅之则条达，摧挠之则衰痿。今教童子，必使其趋向鼓舞，中心喜悦，则其进自不能已；譬之时雨春风，霑被卉木，莫不萌动发越①，自然日长月化。若冰霜剥落，则生意萧索，日就枯槁矣。

故凡诱之歌诗者，非但发其志意而已，亦以泄其跳号呼啸于咏歌，宣其幽抑结滞②于音节也；导之习礼者，非但肃其威仪而已，亦所以周旋揖让③而动荡其血脉，拜起屈伸而固束其筋骸也；讽之读书者，非但开其知觉而已，亦所以沉潜反复而存其心，抑扬讽诵以宣其志也。 凡此皆所以顺导其志意，调理其性情，潜消其鄙吝，默化其粗顽，日使之渐于礼义而不苦其难，入于中和而不知其故。 是盖先王立教之微意也。

若近世之训蒙稚者，日惟督以句读课仿④，责其检束，而不知导之以礼，求其聪明，而不知养之以善，鞭挞绳缚，若待拘囚。 彼视学舍如囹狱而不肯入，视师长如寇仇而不俗见，窥避掩覆以遂其嬉游，设诈饰诡以肆其顽鄙，偷薄庸劣，日趋下流。 是盖驱之于恶而求其为善也，何可得乎？

凡吾所以教，其意实在于此。 恐时俗不察，视以为迂；且吾亦将去，故特叮咛以告。 尔诸教读，其务体吾意，永以为训，毋辄因时俗之言，改废其绳墨，庶成"蒙以养正"之功⑤矣。 念之念之。

注释

①萌动发越：萌芽发育。

②幽抑结滞：心中的郁结和不快。

③周旋揖让：作揖行礼、进退礼让。

④课仿：课业练习。

⑤"蒙以养正"之功：《周易·蒙卦》中有"蒙以养正，圣功也"之语，意思是从儿童开始，就要致力于养成孝、悌、忠、信、礼、义、廉、耻的道德，在古代就是指儿童教育。

译文

古代的教育以明确人伦道德为主要教学内容，后来兴起了记诵词章的风气，先王的教育要义就消失了。 现在教育儿童，还是应该把孝、悌、忠、信、礼、义、廉、耻作为专门的功课。培养的具体方法是引导学生吟唱诗歌，来激发他们的志趣；引导学生学习礼仪，以严整他们的仪容；劝导学生读古籍经典，以开启他们的智慧。 现在，人们常常认为吟唱诗歌、学习礼仪不合时宜，这都是庸俗浅薄的见识，他们这些人怎么知道古人推行教育的本意呢！

一般说来，儿童的性情是喜欢嬉戏玩耍而害怕被约束监管，就像草木刚开始发芽时，如果让它舒畅地生长，就能迅速枝繁叶茂，如果摧残压制就会很快枯萎。 现在教育孩子，一定要顺着他们的意愿兴趣，多加鼓励，使他们内心喜悦，那么他们自然就能不断进步；有如春天的和风细雨，滋润了花草树木，花草树木就会萌芽发育，自然能茁壮生长。 如果遇到冰霜的侵袭，那么它们就会萧条败落，逐渐枯萎。 所以引导孩子们吟唱诗歌，不仅仅是为了激发他们的志趣，也是为了在吟唱诗歌中让他们消耗蹦跳吵闹的精力，在音律节奏中让他们宣泄心中的郁结和不快；引导他们学习礼仪，不仅仅是为了使他们端正仪容礼节，也是在作揖行礼、进退礼让中让他们活动经脉，在叩拜屈伸中让他们强健筋骨；教导他们读书，不仅仅是为了开启他们的智慧，也是让他们在深入思索中涵养他们的本心，在抑扬顿挫的朗诵中弘扬自己的志向。 所有这些做法都是为了顺应他们的天性，引导他们的志向，调理他们的性情，慢慢改变和消解他们的粗俗愚顽，让他们的行为举止逐渐符合礼义规范而不感到是在做苦事难事，性情在不知不觉中达到中正平和。 这才是先王推行教育的深意。

现在的人教育儿童，每天只是用课业练习来督促他们，要求他们严格约束自己，却不知道用礼仪来引导他们，要求他们变得聪明，却不知道培养他们的善良之心，鞭挞束缚他们，像对待囚犯一样。于是，儿童把学校看作监狱而不愿就学，把老师看作强盗仇敌而不愿相见，伺机逃避遮掩来达到嬉戏玩耍的目的，作假撒谎来放纵顽劣鄙陋，他们得过且过，庸俗鄙陋，日益堕落。这等同于使用驱使他们作恶的方法却要求他们向好为善，怎么可能呢？

我之所以颁布教学规范，本意皆在于此。我担心世人不能体察，认为我很迂腐；况且我就要离开，所以特意叮咛嘱咐。你们这些教师，一定要体察我的用意，以此作为训诫并遵照执行，不要因为世俗言论就废弃我立的规矩，也许可以成就"蒙以养正"的功德吧。切记，切记！

第三部分

中国近现代教育名言名篇

　　陈鹤琴、蔡元培、陶行知、张宗麟、杨贤江、张雪门……他们都对我国教育事业的发展产生过巨大影响，让我们一起走进中国近现代教育名言名篇部分，读一读名家与教育相关的名言名篇，看一看他们在教育事业上的卓越贡献，品一品他们对我国教育事业的思考……

一、陈鹤琴

（一）简介

陈鹤琴（1892—1982），浙江绍兴人，中国著名儿童教育家、儿童心理学家，中国现代幼儿教育的奠基人。陈鹤琴提出了"活教育"理论，重视科学实验，主张中国儿童教育的发展要适合国情，符合儿童身心发展规律，呼吁建立儿童教育师资培训体系。他编写幼儿园、小学课本及儿童课外读物数十种，一生致力于一系列开创性的幼儿教育研究与实践，主要著作有《家庭教育》《玩具与教育》《儿童心理之研究》等。

（二）名言

1.你要儿童说话说得很得体，做人做得很好，你要他处世接物都很得当，你一定要使他在适当的环境之内得到相当的学习。

（陈鹤琴：《怎样做幼稚园教师》，华东师范大学出版社，2013，第 163 页）

2.小孩子是以游戏为生命的，多给小孩子玩的机会，身体就容易强健，心境就常常快乐。

（陈鹤琴：《怎样做幼稚园教师》，华东师范大学出版社，2013，第 106 页）

3.我们都知道，教师的工作是直接影响着成千上万的学生，而间接又由这些学生来影响更多的人。教师的影响既如是之大，所以凡是做教师的，谁都应该做一个成功的教师。

（陈鹤琴：《怎样做幼稚园教师》，华东师范大学出版社，2013，第 12 页）

4.教育的目的，在于改进生活，充实生活；教育的本身是一种生活，而生活的本身也是一种物育。 人在教育中生长，这一生长一方面是指个人道德行为、智力的发展过程，一方面是指整个人类向更高的道德和文化生活发展。

（单中惠主编《世界教育箴言》，上海交通大学出版社，2016，第 12 页）

5.对儿童的培养与成人不同，不能给他们成人化的东西，要适应他们的生理、心理特点，要做到儿童化。 儿童化很重要的一点就是要合乎儿童的特点……儿童不是成人的缩影，而是有他独特的生理、心理特点的。 幼儿期是身体和智力发展的极为重要时期，必须掌握其特点，掌握其生长发展的科学规律，才能把幼儿教好、养好。

（单中惠主编《世界教育箴言》，上海交通大学出版社，2016，第 61 页）

6.儿童的世界，是儿童自己去探讨，去发现的。 他自己所求来的知识，才是真知识，他自己所发现的世界，才是他的真世界。

（单中惠主编《世界教育箴言》，上海交通大学出版社，2016，第 103 页）

7.小孩子生来是无识的，不知什么是好，什么是坏，他的一举一动可以说一方面受遗传的影响，一方面受环境的约束，受教育的支配。 小的时候，环境中最重要的因素是父母，教养中的最重要因素，恐怕也是父母。

（单中惠主编《世界教育箴言》，上海交通大学出版社，2016，第 301 页）

（三）名篇

凡是儿童自己能够做的，应当让他自己做（节选）

没有一个儿童不好动，也没有一个儿童不喜欢自己做。六个月的小孩子，看见桌上有红的橘子，一定要伸着手来拿拿看。

一岁的小孩子，刚刚学走路的时候①，他一定要沿着椅子桌子自己走。你若抱了他，不让他走，他会挣扎，一定要下去。

一岁半的小孩子，他要自己吃饭，他要拿着汤匙，装着饭菜，放进嘴里。假如你要喂，把他的汤匙拿去，他一定会挣扎。你若勉强地把饭放在他嘴里，他会把饭吐出来，张着嘴巴，号啕大哭呢！

这是什么缘故呢？他若自己动手，自己吃饭，可以得着肌肉运动的快感。嘴巴也得着相当的滋味，即使汤匙拿得不稳，饭菜装得不牢掉在桌上、身上，但这是一种练习的好机会。他已经会做了我们应当让他自己做，虽然做得不是很好，但是于整个学习看起来，没有多大的关系。况且初次的失败，是必经的步骤。我们应当让他自己去学习去试验，不做不试验，他就学不会了。

我曾经在北京看见一个十岁的独生子，衣服要别人给他穿的；饭要别人喂给他吃的；走进走出，还要人跟着他。你看这个小孩子，因为没有得着练习的机会，已经失掉了活动的能力。

在学校里的一切活动，凡是儿童自己能够做的，应当让他自己做，做了就与事物发生直接的接触，就得着直接的经验，就知道做事的困难，就能认识事物的性质②。

---

①出处为"刚刚学走的时候"。——作者注
②出处为"就认识事物的性质"。——作者注

要知道做事的兴趣，愈做愈浓，做事的能力，愈做愈强。

（陈鹤琴：《怎样做幼稚园教师》，华东师范大学出版社，2013，第 159 页）

凡是儿童自己能够想的，应当让他自己想（节选）

最危险的，就是儿童没有思考的机会。我们人一天到晚所做的事情，所有的活动，十之八九都是习惯。早上起来，穿衣服是习惯，吃饭是习惯，走路是习惯，写字是习惯，运动是习惯，睡眠是习惯，一切的一切，都受习惯的支配，思考的时间却是很少。

在学校里读书，教师在教室里对学生讲，学生望着教师竖着耳朵听。好一点的，教师在黑板上写写，学生在抄本上记记，要思考的是老师，儿童不过听听、看看、写写罢了。

这种注入式的教学法，用不着儿童思考的。但要知道思考是行动之母，思考没有受过锻炼，行动就等于盲动，流于妄动。

（陈鹤琴：《怎样做幼稚园教师》，华东师范大学出版社，2013，第 161 页）

儿童的心理（节选）

普通的小孩子生来虽有种种不同之点，然大抵是相仿佛的。饿则哭，喜则笑；见好吃好看的东西就伸手拿来，见好玩好弄的东西就伸手去玩。

然何以到后来有的会怕狗怕猫，有的敢骑牛骑马；有的身体强健，有的身体孱弱；有的意志坚决，有的意志柔弱；有的知识丰富，有的知识缺乏；有的专顾自己，有的体恤别人；有的多愁病，有的多喜乐；有的成为优秀公民，有的变为社会败类？推其原因，不外先天禀赋之优劣与后天环境及教育之好坏而已。

若从小受了良好的家庭教育，虽生来怕狗猫到大来也敢骑牛马的；虽生来不甚强壮到大来也会健康的。 若家庭教育不好，小孩子本来不怕动物，大来会怕的；本来身体强健的，大来会瘦弱的。

至于知识之丰富与否，思想之发展与否，良好习惯之养成与否，家庭教育实应负完全的责任。

然家庭教育必须根据儿童的心理始能行之得当。 若不明儿童的心理而妄施以教育，那教育必定没有成效可言的。 所以我略略地把儿童心理述之如下，以资施行家庭教育者之参考。

一、小孩子是好游戏的

小孩子可以说是生来好动的。 两三个月大的婴儿就能在床上不停地敲手踢脚，独自玩耍。 到了五六个月的时候，看见东西就要来抓，抓住了就要放进嘴里去。 到了再大一点，他就要这里推推，那里拉拉，不停地运动了，一等到会爬会走，那他的动作更加复杂了。 忽而立，忽而坐；忽而这样，忽而那样；忽而爬到那里，忽而走到这里。 假使我们成人像他那样活动两个钟头，那一定疲乏不堪了。 到了三四岁的时候，他的游戏动作比从前还要繁多而他的游戏方法也与从前不同了。 从前他只能把椅子推来推去，现在他要把椅子抬来抬去，当花轿了；从前他只能把棒头敲敲作声以取乐，现在他要拿着棒当枪放了。 到了八九岁的时候，他的身体比从前更加强健得多了，精神也非常充足了，知识也渐渐丰富了，因此他的游戏动作也就与从前不同了。 此时他喜欢玩各种竞争游戏了：什么放风筝，踢毽子；什么斗蟋蟀，拍皮球；什么打棒头，捉迷藏他都能够玩了。

总起来说，小孩子是生来好动的，以游戏为生命的。 要知多运动，多强健；多游戏，多快乐；多经验，多学识，多思想。所以做父母的不得不注意小孩子的动作和游戏。 第一，做父母的应准备良好的设备使小孩子得着充分的运动；第二，做父母的应寻找适宜的伴侣使小孩子得着优美的影响。 有此二者，小孩子的身体就容易强健，心境就常常快乐，知识就容易增进，思想就容易启发。

二、小孩子是好模仿的

小孩子未到一岁大的时候，就能模仿简单的声音和动作了。他一听见鸡啼羊叫，也要啼啼看叫叫看；一看见别人洗面刷牙，也要洗洗看刷刷看。 到了两岁光景的时候，他能模仿复杂的动作了。 倘若他看见他母亲扫地洗衣，他也扫扫洗洗看；倘若他看见他父亲吐痰吃烟，他也要吐吐吃吃看。

到了三四岁的时候。 他的模仿能力发展得更大了。 什么娶亲，什么出殡，他都要模仿了。

总而言之，小孩子是好模仿的，家中人之举动言语他大概要模仿的。 若家中人之举动文雅，他的举动大概也会文雅的；若家中人之言语粗陋，他的言语大概也是粗陋的。 所以做父母的不得不事事谨慎，务使己身堪有作则之价值。

三、小孩子是好奇的

小孩生来是好动的，生来是好模仿的，也是生来好奇的。五六个月大的婴儿一听见声音就要转头去寻，一看见东西就要伸手去拿。 到了四五岁，他的好奇动作格外多了。 看见路上的汽车马车来了，他总要停住脚看看；听见外面的锣声鼓声响了，他总要跑出去看看。 有一个四岁的小孩子，一日同他的母亲去探望他的小朋友，看见他小朋友的家里有许多蜜蜂，他拿了一根棒头把蜂巢敲敲看，不料一敲蜜蜂出来刺他了。

又有一个五岁的小孩子，天天把园里所种的红萝卜掘起来，看它怎样生长的。 又有一个小孩子把一只钟拆得粉粉碎，要看看这个钟究竟为什么会响的。 小孩子不但有这样的动作，也发种种问句。 他常要问你"这是什么东西，那是什么东西；这个东西从哪里来的，那个东西怎样做的；这个东西为什么是这样的"。 他看见不懂的东西，就要来问你。 这些问句也是一种好奇的表现。 现在我们要问，这种好奇的动作究竟有什么用处呢？柏拉图说："好奇者，知识之门。"这句话是很对的。 若小孩子不好奇，那就不去与事物相接触了；不与事物相接触，那他就不能明了事物的性质和状况了。 倘使他看见了冰，不好奇，不去玩弄，那他恐怕不会知道冰是冷的；倘使他听见了外面路上的汽车声，不跑出去看看，那他恐不会晓得汽车是什么东西。 所以好奇动作是小孩子得着知识的一个最紧要的门径。

（陈鹤琴：《家庭教育》，中国青年出版社，2012，第19—22页。）

学习之性质与原则（节选）

初生的小孩子比各种初生的动物都来得柔弱。 下等动物一出卵差不多就能自由行动。 我们先看小鱼，它出卵之后就能追随大鱼游泳；我们再看小鸡，它脱壳之后，不到一日就能行走自如。 鱼鸡固无论矣，即使初生的哺乳动物如羊狗等类，比婴儿也强健得多了。 小羊生后第一天就能行走，第二天就能跳跃。小狗比小羊稍微软弱一些，然生后也能爬行，不到十日也能行走。

我们现在要问，初生的小儿是怎样的呢？说起来，也很可笑。 他的眼睛像是瞎的；他的耳朵像是聋的；他的嘴巴像是哑的；他的脑筋像是呆的。 除了几种简单感觉（如痛、触、冷热、饥饿等等）和几种简单动作（如手足上下左右伸缩、头向左右转动、吸乳、打喷嚏、打呵欠等等）之外，差不多别无所能。

然而渐渐地眼明了，耳聪了，口能发音了，脑筋中有观念了。 到了三四个月，他的头颈健了，他的身子要直竖了；到了四五个月，他一看见东西就能伸手向前来拿了；到了六七个月他能坐了；到了八九个月他能爬行了；到一岁光景，他能叫爸爸妈妈了，恐怕也要开始学走了；到了两三岁就能跑跳自如了；到了四五岁，普通的方言就能说了，而那时所有的知识与技能远胜猫狗万万了。 例如他晓得米是可以煮饭的，钱是可以买东西的。他能画图、剪纸，也能执刀、捻筷，较之初生时诚不可以道里计了。

我们现在要问：这样柔弱的婴儿如何能达到这样有知识、有技能的小孩子呢？

笼统说来，环境、教育（学习）是起主要作用的，但遗传也不可忽视。 小孩子的天赋虽好，但必借后天的教育方能得着发展； 反而言之，后天的教育任凭怎样优良，若无先天的遗传为之基础，也是无所施其技的；所以天赋与教育都是很重要的。

我们现在急于要知道的就是小孩子是怎样学的，有什么原则可以总括他的学习呢？

一、学习的性质

小孩子究竟是怎样学习的？ 他是如何从无知无识到有知有识的呢？ 明了这种学习的性质，我们就知道应当怎样教小孩子了。 现在我把学习的意思写出来以资讨论。

小孩子生来有三种基本能力，就是：（1）感觉；（2）联念；（3）动作。

这三种能力在初生时虽很薄弱，但到后来渐渐能发展起来，而且这三种能力是愈练习愈强大的。 我们先说：

（一）感觉

初生的小孩子生来有几种感觉。 他的眼睛虽瞎，但能感觉光线；他的嘴巴虽哑，但能感觉食物；他的耳朵虽聋，但三四天后就能听声；他的皮肤上的感觉虽不敏捷，然痛、触、冷、热都能稍微感觉到；他的筋骨肌肉能感觉到在运动。以上几种感觉，不到几个月工夫就发展得很敏捷了。普通的声音他能听得出了；普通的颜色和东西他能看见了；普通的滋味他能尝得出了；普通的气味他能闻得出了；……冷的、热的东西，他都能感觉到了。总说一句，普通的感觉不到几个月工夫，都发展得敏捷了。

（二）联念

不过单有感觉而没有联念的能力，也是学不了什么东西的。比方，他现在看见了他母亲这个人，看了之后就忘记了；下次他再看见他母亲的时候，他只看见他母亲这个人而不记得这个人就是方才看见过的那个人。这样，这个小孩子断不会认识他母亲的。又比方此刻他听见他母亲叫唤他，听过之后，也就忘记了；那下次他母亲叫唤他的时候，他只听见有人叫唤他，而不知道这个叫唤的人就是上次叫唤他的那个人。这样，这个小孩子永不会听得出他母亲的声音的。初生的小儿有了听觉、视觉之后，还不能十分记得所看见的东西和所听见的声音，所以他不能认识人和物，也不能辨别声音。

但是到了年纪大一点的时候，他的记忆力稍微强一些了，他就能记得各种感觉了，认识人和物了，辨别声音了。

但只能记忆感觉，而不能把所记忆之感觉、联念合起来也是没有多大用处的。比方，他母亲叫唤他的时候他没有联念的能力，那他只能认识叫唤的声音而不知道这个声音就是他母亲叫唤的声音。反而言之，若他只看见他母亲这个人而听不见他母亲的声音，他只认识这个母亲而不知道这个母亲就是叫唤他的那个人。若有了联念的能力，他一听见他母亲的声音就知道他母亲在旁了。

　　然而这个联念究竟是什么东西，我们是看不出来的，我们只晓得联念的作用而不晓得联念的本质。　不过从联念的作用，我们可以推想联念的本质。　假定有两个小孩子同时被蜜蜂刺了一下，歇了一歇同时都再看见几个蜜蜂。　一个小孩子这次看见蜜蜂时就缩手不敢去拿了；另一个小孩子还是要去拿。　我们说第一个小孩子再看见蜜蜂的时候，就想到被刺的情形和痛苦；第二个小孩子就没有联念能力。　我们也可以说第一个小孩子学得蜜蜂是要刺人的，第二个小孩子没有学会；我们又可以说第一个小孩子比第二个小孩子聪明一些。

　　…………

　　(三)动作

　　但小孩子若只能感觉外界的刺激，只能联念感觉而没有反应动作，也是不够的。　他一看见了他母亲的人和一听见了他母亲的声音的时候，他应有相当的反应以达到他所需要的目的，否则，是无补于事的。　让我再举几个浅近的例子来证明反应动作之必要。　假设有一个小孩子，他看见了地上的白雪而不能用手去玩弄，那他永不会知道白雪之性质。　又假使他看见一辆车子后退过来而不能退避，那他就要立刻被撞倒。　前者是与事物相接触的经验，为人生不可缺少的动作；后者是由经验而来的适当反应，也是人生不可缺少的动作。　但前者是后者之母，没有与事物相接触的经验，临事哪有适当的反应？所以小孩子应有与事物相接触的机会。　相接触的机会愈多则事物之性质愈容易明了，而适应事物之动作也愈容易发生。

　　总起来说，学习就是先感觉外界的刺激，后把所感觉的事物与所有的感觉联合起来，再发生相当的动作去反应外界的刺激。

　　刺激与反应是看得出来的，联念是看不出来的。　我们一方面须支配小孩子所接触的刺激，一方面须指导小孩子所发出的反应，一方面还须巩固小孩子所有的联念。 这三方面都是教育上的重要问题。

二、学习的原则

现在，我把刺激、反应和联念的原则写在下面以资参考。

（一）刺激的原则

1. 适宜的刺激

小孩子所有的联念与反应可以说是受刺激支配的。 刺激来得优良，联念与反应大概也是优良的；刺激来得卑劣，联念与反应大概也是卑劣的。 小孩子初生时是无知无识的，他所看的、所听的和所接触的，都要印刻在他的脑海中间，而他的反应动作也是以这种印象为张本的。 倘若他所听见的言语都是文雅而不粗俗的，那他将来说的话也一定是文雅而不粗俗的；倘若他所看见的东西都是整齐清洁的，那他定能爱护清洁整齐的东西。 所以做父母的一方面必须事事以身作则，一方面必须选择优良的环境使小孩子得到优良的刺激和印象。

2. 实地施教

小孩子的脑筋很简单，我们起先不应用抽象的事体去教他。比方我们要教他"顾恤他人"这一个美德，我们不应单单对他说："做人不要专为自己，应当体贴别人，顾恤别人，假使别人生病的时候，你应当轻轻地出入，不要乱吵使得病人烦恼不安。"这种抽象的教法小孩子是不会懂的。 我们应该当家中有人生病的时候实地施教。 ……比方，他的小妹妹生病了，做父母的自己先讲话声必低，走路步必轻，然后教他也要低声轻步。这样一来，他就了解体恤的意思了。

不但对于道德之培养我们应当实地施教，就是对于知识之灌输，我们也要从具体而后抽象的。

有一天，我问一个六岁的小孩子说："你曾看见过松鼠吗？"他说："看见过的。"我再问他说："有多大呢？"他举起两手的食指来在空中摆着两指相距约两寸许的样子回答说："这样大。"我说："你在什么地方看见的？"他说："在书上。"我说："你把那本油印的读本拿来给我看。"他拿给我一看，图中那个松鼠画得"非驴非马"，不像一个松鼠。

……要知图是代表事物的，是不能当作事物的。即以图画来教小孩子，所画的图必须画得正确。但画得正确的图画万万不及真的、活的东西来得好。我们虽然不能事事以真的、活的东西来教小孩子，但他小的时候，经验未丰富，想象力薄弱的时候，我们应当先给他看真的和活的东西才好。

（二）联念的原则

关于刺激的两条主要教育原则：刺激必须优良，刺激必须正确，我们在上面已经约略地说过了。现在我们要问，怎样能够使得优良、正确的刺激深刻在小孩子的脑筋里呢？现举几条主要的原则如下：

1. 凡能使小孩子快乐的刺激容易印刻在小孩子的脑筋里

小孩子是喜欢游戏的，我们就可以利用他的游戏心理去教育他。比方我们要教他红、黄、蓝、绿等几种颜色。我们不要呆板板地对他说："这是红的，那是绿的。"这样，他未必肯听，也未必能记得牢。若是我们叫他穿有颜色的珠子，或是叫他画图画，那他无形中能把各种颜色学会。比方他穿珠子的时候，我们在旁称赞说："这颗绿的珠子多么好看，那颗红的珠子多么光滑。"又比方他画图画的时候，我们也可无意中说这个颜色、那个颜色给他听。这样，那几种颜色他就容易学会了。

2. 凡刺激发生的时间愈长、次数愈多，那联念也愈牢固

比方我们教小孩子唱歌，我们先把歌唱给他听，把调弹给他

听；唱弹之后，又叫他唱；他唱得不对，又教他这样唱那样唱；今天唱得不够，明天再唱；明天唱得不够，后天再唱；务使他能唱为止。这种练习原则说起来很明了，但做起来就不容易。做父母的对于这一点也是应特别注意的。

（三）动作的原则

1. 小孩子开始学习的时候，做父母的要格外留心以免错误

无论什么事，第一次做得好，第二次就容易做得好；第一次做错，第二次就容易做错。比方小孩子开始用蜡笔画图画的时候，他歪了头，错捻了笔，随便乱画，那以后若没有相当的矫正就要歪了头，错捻了笔画了。若当初他学的时候，你先挺了胸，直了头，画给他看，看后，也叫他挺胸直头地画；下次他画的时候，他未必一定挺胸直头的，也许驼背歪头的，但是挺胸直头的趋向比较驼背歪头的趋向来得强大。所以对于第一次的动作，做父母的要格外留意教导，以免错误。

2. 不要有例外

养成好习惯难，养成坏习惯易。做父母或做教师的要使小孩子养成良好的习惯，在好习惯未养成的时候，不准小孩子有例外的动作。比方我们要小孩子养成每天早晨大便的习惯（若早晨起来即大便，那身体就可在一天内觉得很畅适，做事也不致有妨碍，所以我以为在早晨大便比在别的时候都好），我们第一天就叫他坐在便桶上去解解看，坐了一歇，他不肯坐了。我们用种种方法使他坐着，后来歇了一歇，他果然解了。第二天早晨又叫他这样做。到了第四五天，这个好习惯几乎要养成功了。不料第六天早晨他正要去大便的时候，忽然听见外边喧哗的声音，他要去看看，他母亲始则阻挠他不准他出去，后来因为他哭了就让他到外边去了。他一到外边看见许多人正在那里打架，看了回家已经八点多钟了，赶快吃了一口早饭，就跑到学校里读

书去了。 到了下午二点多钟正在上课的时候，他忽然要大便了。 第七天早晨他坐在便桶上坐了半晌仍旧解不出，但到了下午二点多钟的时候又要解了。 后来他母亲差不多费了九牛二虎之力才使他养成早起大便的好习惯。 倘若那天早晨这位母亲不准他出去看打架，那他早晨大便的习惯早已养成了。 所以在养成习惯时，不宜有例外的举动。 不但在习惯未养成之时，不应有例外，就是在习惯已养成之后，也不应发生与习惯相冲突的事情。 举例以明之：我的小女儿现在已经有一岁零三个月了，她晚间睡后素来不再醒来吃奶的。 这种好习惯是从小在医院里养成的，她的母亲就因此省了无数精力，她也能够安安稳稳地睡觉，这样相处已非一日。 不料到一岁零二个月大的时候，她忽生起寒热病来了，饮食起居遂为之颠倒，有一晚醒来要吃，她母亲以为她睡前没有吃饱，就喂她了；岂知一载来晚间睡后不吃奶的好习惯，竟因此被破坏。 那天晚上喂后，她就再入睡乡，但第二天晚上醒来又要吃了；不给她吃，她就大哭。 ……第三夜又要吃，如是者五六夜。 你看好好儿的一个好孩子竟因此而吃了几夜苦，而别人也无辜地受了几夜罪。 这些不是当初心肠太软而喂她吃奶的缘故吗？ 所以习惯已养成之后，我们也不应当有例外的动作，以破坏已成之习惯。

3.小孩子学习事物须要自己学习

小孩子生来好动。 因为好动，他就能与事物相接触；与事物相接触，那他就知道事物的性质，他的动作能力因此得着发展。 若我们代替他做，他总是学不会的。 比方在陆地上，我们教他游泳，我们教他这样做，那样做，费了许多心力；但他学了许多游泳方法之后，一到水里去还是要沉下去的。 所以我们要叫他自己游泳而且要他在水里游泳。

这种原则说说很容易，做起来却困难极了。 小孩子自己要做做，你就代替他做；或者小孩子要动动，你没有机会给他动。比方他现在要学走了，你一看见他跌了一跤，就赶快抱他起来。又比方他看见别人玩皮球也要玩，但你不买一个皮球给他玩。诸如此类，不胜枚举。　总之，学一定要自己学的，做父母的一方面不要替他学，一方面给他学的机会就是了。

（陈鹤琴：《家庭教育》，中国青年出版社，2012，第31—39页）

二、陶行知

(一)简介

陶行知(1891—1946),安徽歙县人,人民教育家、思想家,伟大的民主主义战士,爱国者,中国人民救国会和中国民主同盟的主要领导人之一。 陶行知毕生致力于教育事业,对我国教育的现代化作出了开创性的贡献。 他不仅创立了完整的教育理论体系,而且进行了大量教育实践。 他针对旧教育把培养"人上人"作为目标的现象,指出新教育应培养全面发展的"人中人"。 他以"捧着一颗心来,不带半根草去"的赤子之心,为中国教育探寻新路。 主要教育著作有《中国教育改造》《教学做合一讨论集》《中国大众教育问题》等。

(二)名言

1.教学做合一是:教的法子根据学的法子,学的法子根据做的法子。 事怎样做就怎样学,怎样学就怎样教。 比如种田这件事要在田里做,就要在田里学,也就要在田里教。 教学做有一个共同的心,这个中心就是"事",就是实际生活;教学做都要在"必有事焉"上用功。

(董宝良主编《陶行知教育论著选》,人民教育出版社,2015,第192页)

2.教学做是一件事,不是三件事。 我们要在做上教,在做上学。 在做上教的是先生,在做上学的是学生。 从先生对学生的关系说,做便是教;从学生对先生的关系说,做便是学。 先生拿做来教,乃是真教;学生拿做来学,方是实学。 不在做上用工夫，教固不成教，学也不成为学。

（董宝良主编《陶行知教育论著选》，人民教育出版社，2015，第 217 页）

3. 我们要解放小孩子的空间，让他们去接触大自然中的花草、树木、青山、绿水、日月、星辰以及大社会中之士、农、工、商，三教九流，自由地对宇宙发问，与万物为友，并且向中外古今三百六十行学习。

（单中惠主编《世界教育箴言——100 位中外教育家的智慧感悟》，上海交通大学出版社，2016，第 66 页）

4. 事怎样做就怎样学，怎样学就怎样教；教的法子要根据学的法子，学的法子要根据做的法子。

（单中惠主编《世界教育箴言——100 位中外教育家的智慧感悟》，上海交通大学出版社，2016，第 152 页）

5. 要想学生好学，必须先生好学。唯有学而不厌的先生才能教出学而不厌的学生。

（单中惠主编《世界教育箴言——100 位中外教育家的智慧感悟》，上海交通大学出版社，2016，第 252 页）

（三）名篇

教学合一

现在的人叫在学校里做先生的为教员，叫他所做的事体为教书，叫他所用的法子为教授法，好像先生是专门教学生些书本知识的人。他似乎除了教以外，便没有别的本领；除书之外，便没有别的事教。而在这种学校里的学生，除了受教之外，也没有别的功课。先生只管教，学生只管受教，好像是学的事体,都被教的事体打消掉了。论起名字来,居然是学校;讲起实在来,却又像教校。这都是因为重教太过,所以不知不觉的*就将他和学分离了。然而教学两者,实在是不能分离的,实在是应当合一的。依我看来,教学要合一,有三个理由:

第一,先生的责任不在教,而在教学,而在教学生学。大凡世界上的先生可分三种:第一种只会教书,只会拿一本书要儿童来读他、记他,把那活泼的小孩子做个书架子、字纸篓。先生好像是书架子、字纸篓之制造家,学校好像是书架子、字纸篓的制造厂。第二种的先生,不是教书,乃是教学生;他所注意的中心点,从书本上移在学生身上来了。不像从前拿学生来配书本,现在他拿书本来配学生了。他不但是要拿书本来配学生,凡是学生需要的,他都拿来给他们。这种办法,固然比第一种好得多,然而学生还是在被动的地位,因为先生不能一生一世跟着学生。热心的先生,固想将他所有的传给学生,然而世界上新理无穷,先生安能尽把天地间的奥妙为学生一齐发明?既然不能为学生一齐发明,那他所能给学生的,也是有限的,其余还是要学生自己去找出来的。况且事事要先生传授,既有先生,何必又要学生呢?所以专拿现成的材料来教学生,总归还是不妥当的。那么,先生究竟应该怎样子才好?*我以为好的先生不是教书,不是教学生,乃是教学生学。教学生学有什么意思呢?就是把教和学联络起来:一方面要先生负指导的责任,一方面要学生负学习的责任。对于一个问题,不是要先生拿现成的解决方法来传授学生,乃是要把这个解决方法如何找来的手续程序,安排停当,指导他,使他以最短的时间,经过相类的经验,发生相类的理想,自己将这个方法找出来,并且能够利用这种经验理想来找别的方法,解决别的问题。得了这种经验理想,然后学生才能探知识的本源,求知识的归宿,对于世界一切真理，不难取之无尽，用之无穷了。这就是孟子所说的"自得"，也就是现今教育家所主张的"自动"。所以要想学生自得自动，必先有教学生学的先生。这是教学应该合一的第一个理由。

第二，教的法子必须根据于学的法子。从前的先生，只管照自己的意思去教学生；凡是学生的才能兴味，一概不顾，专门勉强拿学生来凑他的教法，配他的教材。一来先生收效很少，二来学生苦恼太多，这都是教学不合一的流弊。如果让教的法子自然根据学的法子，那时先生就费力少而成功多，学生一方面也就能够乐学了。所以怎样学就须怎样教：学得多，教得多；学得少，教得少；学得快，教得快；学得慢，教得慢。这是教学应该合一的第二个理由。

第三，先生不但要拿他教的法子和学生学的法子联络，并须和他自己的学问联络起来。做先生的，应该一面教一面学，并不是贩买些知识来，就可以终身卖不尽的。现在教育界的通病，就是各人拿从前所学的抄袭过来，传给学生。看他书房里书架上所摆设的，无非是从前读过的几本旧教科书；就是这几本书，也还未必去温习的，何况乎研究新的学问，求新的进步呢？先生既没有进步，学生也就难有进步了。这也是教学分离的流弊。那好的先生就不是这样，他必定是一方面指导学生，一方面研究学问。如同柏林大学包尔孙先生说："德国大学的教员，就是科学家。科学家就是教员。"德国学术发达，大半靠着这教学相长的精神。因为时常研究学问，就能时常找到新理。这不但是教诲丰富，学生能多得此益处，而且时常有新的材料发表，也是做先生的一件畅快的事体。因为教育界无限枯寂的生活，都是因为当事的人封于故步，不能自新所致。孔子说："学而不厌，诲人不倦。"真是过来人阅历之谈。因为必定要学而不厌，然后才能诲人不倦；否则年年照样画葫芦，我却觉得有十分的枯燥。所以要想得教育英才的快乐，首先要把教学合而为一。这是教学应该合一的第三个理由。

总之：一、先生的责任在教学生学；二、先生教的法子必须根据学的法子；三、先生须一面教一面学。这是教学合一的三种理由。第一种和第二种理由是说先生的教应该和学生的学联络；第三种理由是说先生的教应该和先生的学联络。有了这样的联络，然后先生学生都能自得自动，都有机会方法找那无价的新理了。

《时报·教育周刊·世界教育新思潮》（1919年2月14日第1号）

（董宝良主编《陶行知教育论著选》，人民教育出版社，2015，第32—34页）

学生的精神[①]

知行此次因全国教育联合会事来湘，今天得与诸君见面，这是很愉快的。知行是世界的学生，诸君是学校的学生，今天是以学生资格，对诸君谈话。有些议论，也许诸君是不愿听的。但是"忠言逆耳利于行"，诸君或者能够原谅。

我现在要讲的题目，就是《学生的精神》。在我未说这题目之先，有点意思对诸君说一说：现在中国许多学生及一般教员，有一个很大的通病，就是容易"自满"。不论研究何种学科，只有相当的了解，即洋洋自得、心满意足。尤其是在过教员生活的，觉得自己处在教师地位，不必再去用功研究了。中国"四

---

①本篇系演讲记录。1925年11月，陶行知赴湖南长沙参加全国教育联合会期间，应当地学生界的邀请作此演讲。记录者为谢文熙。

书"上有两句话说："学而不厌，诲人不倦。"这真真千古不灭的格言，并且是两句不能分开的话。因为要"学而不厌"，才能够做到"诲人不倦"。例如我们来教一班小学生，倘若自己全不加以研究，只照着别人编的书本，自己抄的老笔记，依样画葫的教去，当学生的，固然不能受多大的益，当教师的，也觉得不胜其烦，没有多大的趣味。如是的粉笔生涯，不能不厌烦了。倘若当教师的，自己天天去研究，有所得的，即随时输之于学生，如此则学生受益较多，即当教师者，也觉得有无穷的乐趣。所以学生求学，固然要"学而不厌"，就是当了教员，还是要继续的"学而不厌"。这可说是我现在要讲的"学生精神"的先决问题。

现在开始来讲"学生的精神"了。学生精神，大约分之为三点：

（一）学生求学须具有科学的精神

我们不论研究什么学科，总要看一个明白，想一个透彻，多发些疑问，切不可武断盲从。例如别人要我们信仰国家主义，我们必须明了国家主义的内容是否合于现代社会，才定信仰不信仰的方针。其他，社会主义亦然，无政府主义亦然……尤其我们研究科学之时，碰到一个问题来了，"知之则知之，不知则不知"。因为我们自己知道自己不知的地方，那还有能够知道的一日；倘若不知的而认以为知，那么，不知道的，终究没有知道的日子了；还可说是自己斩断自己求学的机能，所以我们学生求学，第一步就要有科学的精神。

（二）要改造社会必具有委婉的精神

我们在任何环境里面做事，不可过于急进。譬如园丁栽花木，倘只执一镰斧，乱砍荆棘，我相信花木，亦必随之而受伤。务须从旁着想，怎样才能使荆棘去掉，那么，非用委婉的功夫不可。改造社会，也是一样，尤其是我们学生，因为是领导民众的中坚分子，倘用乱刀斩麻的手段，必引起一般民众起畏惧之心，怎样还讲得社会改造？ 所以我们要社会改造，也需要用委婉的精神，走到民众前头，慢慢地领他们向前走，并且还要告示他们向前走的方法。 如此才有社会改造的希望。 不然，任你如何轰轰烈烈倡社会改造，社会还是不能改造的。

（三）应付环境必具有坚强人格和百折不回的精神

我们处在任何环境里面，必抱有坚强人格，不可自由摇动，尤其到了利害生死关头之时，必富有"富贵不能淫，贫贱不能移，威武不能屈"的气概。 这才算得一个真正的大丈夫，真正的国民。 现在中国一班学生——其实不仅是学生——在普通情形的时候，各人的性格，好像没有多大的区别。 但到危急存亡利害相冲的关头，就看得清清楚楚，各人露出自己的本来面目。中国民众的不能团结，这就是一个很大的原因。 所以我们处在任何的环境里面，坚强不摇的人格及不屈不挠的精神，决不能少的，尤其在我们学生时代。 我现在要举一段历史例子给诸君听，就是明朝的方孝孺先生，当燕王棣篡位之时，使他草《即位诏》，他大书"燕王篡位"四字，因此被夷十族。 当燕王篡位之时，势力胜过现在的任何军阀，但不能压迫方先生一笔锥。可见方先生的人格及不怕死的精神，真令人钦佩而尊敬，亦可证明读书人不可忘掉气节。

学生的精神，大概分为上列三点。 我觉得在今日的学生中，亟宜注意的。 因时间仓卒，说得不周到处，请诸君原谅！

《民国日报》（1925 年 12 月 1 日）

（董宝良主编《陶行知教育论著选》，人民教育出版社，2015，第 162—164 页）

教学做合一

"教学做合一"是本校的校训。 我们学校的基础就是立在这五个字上，再也没有一件事比明了这五个字还重要了。 说来倒很奇怪，我在本校从来没有演讲过这个题目，同志们也从没有一个人对这五个字发生过疑问。 大家都好像觉得这是我们晓庄①的家常便饭，用不着多嘴饶舌了。

可是我近来遇了两件事，使我觉得同志中实在还有不明了校训的意义的。 一是看见一位指导员的教学做草案②里面把活动分成三方面，叫做教的方面、学的方面、做的方面。 这是教学做分家，不是教学做合一。 二是看见一位同学在《乡教丛讯》上发表一篇关于晓庄小学的文章。 在这篇文章里，他说："晓庄小学学生的课外作业就是农事教学做。"在教学做合一的学校的辞典里并没有"课外作业"。 课外作业是生活与课程离婚的宣言，也就是教学做离婚之宣言。 今年春天洪深先生创办电影演员养成所，招生广告上有采用"教""学""做"办法字样，当时我一见这张广告，就觉得洪先生没有十分了解教学做合一。 倘使他真正了解，他必定要写"教学做"办法，决不会写作"教""学""做"办法。 他的误解和我上述的两个误解是相类的。

我接连受了这两次刺激，觉得非彻底的、原原本本的和大家讨论明白，怕要闹出绝大的误解。 思想上发生误解，则实际上必定要引起矛盾，所以把这个题目来演讲一次是万不可少的。我自回国以后，看见国内学校里先生只管教、学生只管受教的情形，就认定有改革之必要。 这种情形，以大学为最坏。 导师叫做教授，大家以被称教授为荣。 他的方法叫做教授法，他好像

①晓庄:陶行知 1927 年创办的晓庄试验乡村师范学校。——编者注
②教学做草案:相当于一般学校里的教案。在晓庄师范里即各科指导员的活动计划。不同于一般教案的地方在于:教学做草案须与学生讨论修改后共同实施。

拿知识来赈济人的。 我当时主张以教学法来代替教授法，在南京高等师范学校校务会议席上辩论二小时，不能通过，我也因此不接受教育专修科主任名义。 八年，应《时报·教育新思潮》主干蒋梦麟先生之征，撰《教学合一》一文，主张教的方法要根据学的方法。 此时苏州师范学校首先赞成采用教学法。 继而"五四"事起，南京高等师范同事无暇坚持，我就把全部课程中之教授法一律改为教学法。 这是实现教学合一的起源。 后来新学制颁布，我进一步主张：事怎样做就怎样学，怎样学就怎样教；教的法子要根据学的法子，学的法子要根据做的法子。 这是民国十一年的事，教学做合一的理论已经成立了，但是教学做合一之名尚未出现。

前年在南开大学演讲时，我仍用教学合一之题，张伯苓先生拟改为学做合一，我于是豁然贯通，直称为教学做合一。 去年撰《中国师范教育建设论》时，即将教学做合一之原理作有系统之叙述。 我现在要把最近的思想组织起来作进一步之叙述。 教学做是一件事，不是三件事。 我们要在做上教，在做上学。 在做上教的是先生，在做上学的是学生。 从先生对学生的关系说，做便是教；从学生对先生的关系说，做便是学。 先生拿做来教，乃是真教；学生拿做来学，方是实学。 不在做上用工夫，教固不成教，学也不成为学。

从广义的教育观看，先生与学生并没有严格的分别。 实际上，如果破除成见，六十岁的老翁可以跟六岁的儿童学好些事情。 会的教人，不会的跟人学，是我们不知不觉中天天有的现象，因此教学做是合一的。 因为一个活动对事说是做，对己说是学，对人说是教。 比如种田这件事是要在田里做的，便须在田里学，在田里教。 游泳也是如此。 游泳是在水里做的事，便须在水里学，在水里教。 再进一步说，关于种稻的讲解，不是为讲解而讲解，乃是为种稻而讲解；关于种稻而看书，不是为看书而看书，乃是为种稻而看书。 想把种稻教得好，要讲什么话就讲什么话，要看什么书就看什么书。 我们不能说种稻是做，看书是学，讲解是教。 为种稻而讲解，讲解也是做：为种稻而看书，看书也是做。 这是种稻的教学做合一。

一切生活的教学做都要如此，方为一贯。 否则教自教，学自学，连做也不是真做了。 所以做是学的中心，也就是教的中心。 "做"既占如此重要的位置，宝山县立师范学校竟把"教学做合一"改为"做学教合一"，这是格外有意思的。

《中国教育改造》（上海亚东图书馆 1928 年 4 月版）

（董宝良主编《陶行知教育论著选》，人民教育出版社，2015，第 216—218 页）

在劳力上劳心

昨天我讲《教学做合一》的时候，曾经提及"做"是学之中心，可见做之重要。 那么我们必须明白"做"是什么，才能明白教学做合一。 盲行盲动是做吗？ 不是。 胡思乱想是做吗？不是。 只有手到心到才是真正的做。

世界上有四种人：一种是劳心的人，一种是劳力的人，一种是劳心兼劳力的人，一种是在劳力上劳心的人。 二元论的哲学把劳力的和劳心的人分成两个阶级：劳心的专门在心上做工夫，劳力的专门在苦力上讨生活。 劳力的人只管闷起头来干，劳心的人只管闭起眼睛来想。 劳力的人，便成了无所用心，受人制裁；劳心的人便成了高等游民，愚弄无知，以致弄成"劳心者治人，劳力者治于人"的现象。 不但如此，劳力而不劳心，则一切动作都是囿于故常，不能开创新的途径；劳心而不劳力，则一切思想难免玄之又玄，不能印证于经验。 劳力与劳心分家，则一切进步发明都是不可能了。 所以单单劳力，单单劳心，都不能算是真正之做。 真正之做，须是在劳力上劳心。 在劳力上劳心，是真的一元论。

在这里我们应当连带讨论那似是而非的伪一元论。 一次我和一位朋友讨论本校主张在劳力上劳心，我的朋友说："你们是劳力与劳心并重吗？"我说："我们是主张在劳力上劳心，不是主张劳力与劳心并重。"劳心与劳力并重虽似一元论，实在是以一人之身而分为两段：一段是劳心生活，一段是劳力生活。 这种人的心与力都是劳而没有意识的。 这种人的劳心或劳力都不能算是真正之做。 真正之做只是在劳力上劳心，用心以制力。这样做的人要用心思去指挥力量，使能轻重得宜，以明对象变化的道理。 这种人能以人力胜天工。 世界上一切发明都是从他那里来的。 他能改造世界，叫世界变色。

我们中国所讲的科学原理，古时有"致知在格物"一语，朱子用"在即物而穷其理"来解释，似乎是没有毛病的了。 但是王阳明跟着朱子的话进行，便走入歧途。 他叫钱友同格竹，格了三天，病了。 他老先生便自告奋勇，亲自出马去格竹——即竹而穷竹理——格了七天，格不出什么道理来，也就病了。 他不怪他自己格得不对，反而说天下之物本无可格，所能格的，只有自己的身心。 他于是从格物跳到格心，中国的科学兴趣的嫩芽便因此枯萎了。 假使他老先生起初不是迷信朱子的呆板的即物穷理，而是运用心思指挥力量以求物之变化，那便不致于堕入迷途。

在劳力上劳心，是一切发明之母。 事事在劳力上劳心，便可得事物之真理。 人人在劳力上劳心，便可无废人，便可无阶级。 征服天然势力，创造大同社会，是立在同一的哲学基础上的。 这个哲学的基础，便是"在劳力上劳心"。 我们必须把人间的劳心者、劳力者、劳心兼劳力者一齐化为在劳力上劳心的人，然后万物之真理都可一一探获，人间之阶级都可一一化除，而我们理想之极乐世界乃有实现之可能。 这个担子是要教师挑的。 惟独贯彻在劳力上劳心的教育，才能造就在劳力上劳心的人类；也惟独在劳力上劳心的人类，才能征服自然势力，创造大同社会。

最后，我想打个预防针，以免误解。 一次有一位朋友告诉我说："你们在劳心上劳力的主张，我极端的赞成。"我说："如果是在劳心上劳力，我便极端不赞成了。 我们的主张是'在劳力上劳心'，不是'在劳心上劳力'。"

《中国教育改造》（上海亚东图书馆 1928 年 4 月版）

（董宝良主编《陶行知教育论著选》，人民教育出版社，2015 年，第 219—220 页）

行是知之始

阳明先生说："知是行之始，行是知之成。 我以为不对：行是知之始，知是行之成。 我们先从小孩子说起。 他起初必定是烫了手才知道火是热的，冰了手才知道雪是冷的，吃过糖才知道糖是甜的，碰过石头才知道石头是硬的。 太阳地里晒过几回，厨房里烧饭时去过几回，夏天的生活尝过几回，才知道抽象的热；雪菩萨做过几次，霜风吹过几次，冰淇淋吃过几杯，才知道抽象的冷；白糖、红糖、芝麻糖、甘蔗、甘草吃过几回，才知道抽象的甜；碰着铁，碰着铜，碰着木头，经过好几回，才知道抽象的硬。 才烫了手又冰了脸，那么，冷与热更能知道明白了；尝过甘草接着吃了黄连，那么，甜与苦更能知道明白了；碰着石头之后就去拍棉花球，那么，硬与软更能知道明白了。 凡此种种，我们都看得清楚"行是知之始，知是行之成"。 佛兰克林①放了风筝，才知道电气可以由一根线从天空引到地下。 瓦特烧水，看见蒸汽推动壶盖，便知蒸汽也能推动机器。 加利里②翁在毕撒③斜塔上将轻重不同的球落下，便知道不同轻重之球是同时落地的。 在这些科学发明上，我们又可以看得出"行是知之始，知是行之成"。

《墨辨》④提出三种知识：一是亲知，二是闻知，三是说知。 亲知是亲身得来的，就是从"行"中得来的。 闻知是从旁人那儿得来的，或由师友口传，或由书本传达，都可以归为这一类。 说知是推出来的知识。 现在一般学校里所注重的知识，只是闻知，几乎以闻知概括一切知识，亲知是几乎完全被挥于门外。 说知也被忽略。 最多也不过是些从闻知里推想出来的罢了。 我们拿"行是知之始"来说明知识之来源，并不是否认闻知和说知，乃是承认亲知为一切知识之根本。 闻知与说知必须安根于亲知里面方能发生效力。

试取演讲"三八主义"⑤来做个例子。 我们对一群毫无机器工厂劳动经验的青年演讲八小时工作的道理，无异耳边风。没有亲知做基础，闻知实在接不上去。 假使内中有一位青年曾在上海纱厂做过几整天工作或一整天工作，他对于这八小时工作的运动的意义，便有亲切的了解。 有人说："为了要明白八小时工作就是这样费力的去求经验，未免小题大做，太不经济。"我以为天下最经济的事，无过于这种亲知之取得。 近代的政治经济问题便是集中在这种生活上。 从过这种生活上得来

---

①佛兰克林：通译富兰克林（Beniamin Franklin）。

②加利里：通译伽利略（Galileo Galilei）。

③毕撒斜塔：通译比萨（Pisa）斜塔。

④原文为《墨辩》，应为《墨辨》误写。——编者注

⑤三八主义：通称"三八制"。1886 年 5 月 1 日，美国芝加哥等地的工人举行大罢工，提出实行每天工作八小时、教育八小时和休息八小时的制度。

的亲知，无异于取得近代政治经济问题的钥匙。

亲知为了解闻知之必要条件，已如上述。现再举一例，证明说知也是安根在亲知里面的。

白鼻福尔摩斯一书里面有一个奇怪的案子：一位放高利贷的老头子被人打死后，他的房里白墙上有一个血手印，大得奇怪，从手腕到中指尖有二尺八寸长。白鼻福尔摩斯一看这个奇怪手印，便断定凶手是没有手掌的，并且与手套铺是有关系的。他依据这个推想，果然找出住在一个手套铺楼上的科尔斯人就是这案的凶手，所用的凶器便是挂在门口做招牌的大铁手。他的推想力不能算小，但是假使他没有铁手招牌的亲知，又如何推想得出来呢？

这可见闻知、说知都是安根在亲知里面，便可见"行是知之始，知是行之成"。

《乡教丛讯》第3卷第12期（1929年7月30日）

（董宝良主编《陶行知教育论著选》，人民教育出版社，2015，第270—271页）

生活教育（节选）

生活教育这个名词是被误解了。它所以被误解的缘故，是因为有一种似是而非的理论混在里面，令人看不清楚。这理论告诉我们说：学校里的教育太枯燥了，必得把社会里的生活搬一些进来，才有意思。随着这个理论而来的几个口号是："学校社会化""教育生活化""学校即社会""教育即生活"。这好比一个笼子里面因着几只小鸟，养鸟者顾念鸟儿寂寞，搬一两丫树枝进笼，以便鸟儿跳得好玩，或者再捉几只生物来，给鸟儿做陪伴。小鸟是比较的舒服了。然而鸟笼毕竟还是鸟笼，决不是鸟的世界。所可怪的是养鸟者偏偏爱说鸟笼是鸟世界，而对于真正的鸟世界的树林反而一概抹煞，不加承认。假使笼里的鸟，习惯成自然，也随声附和的说，这笼便是我的世界；又假使笼外的鸟，都鄙弃树林，而羡慕笼中生活，甚至以不得其门而入为憾，那么，这些鸟才算是和人一样的荒唐了。

我们现在要肃清这种误解。生活教育是生活所原有，生活所自营，生活所必需的教育。教育的根本意义是生活之变化。生活无时不变，即生活无时不含有教育的意义。因此，我们可以说："生活即教育。"到处是生活，即到处是教育；整个的社会是生活的场所，亦即教育之场所。因此，我们又可以说："社会即学校。"在这个理论指导之下，我们承认：过什么生活，便是受什么教育；过好的生活，便是受好的教育；过坏的生活，便是受坏的教育；过有目的的生活，便是受有目的的教育；过糊里糊涂的生活，便是受糊里糊涂的教育；过有组织的生活，便是受有组织的教育；过一盘散沙的生活，便是受一盘散沙的教育；过有计划的生活，便是受有计划的教育；过乱七八糟的生活，便是受乱七八糟的教育。换个说法，过的是少爷生活，虽天天读劳动的书籍，不算是受着劳动教育；过的是迷信生活，虽天天听科学的演讲，不算是受着科学教育；过的是随地吐痰的生活，虽天天写卫生的笔记，不算是受着卫生的教育；过的是开倒车的生活，虽天天谈革命的行动，不算是受着革命的教育。我们要想受什么教育，便须过什么生活。

生活教育与生俱来，与生同去。出世便是破蒙，进棺材才算毕业。在社会的伟大学校里，人人可以做我们的先生，人人可以做我们的同学，人人可以做我们的学生。随手抓来都是活书，都是学问，都是本领。

自有人类以来，社会即是学校，生活即是教育。士大夫之所以不承认他，是因为他们有特殊的学校给他们的子弟受特殊的教育。 从大众的立场上看，社会是大众惟一的学校，生活是大众惟一的教育。 大众必须正式承认他，并且运用他来增加自己的智识，增加自己的力量，增加自己的信仰。

《生活教育》第 1 卷第 1 期（1934 年 2 月 16 日）

（董宝良主编《陶行知教育论著选》，人民教育出版社，2015，第 377－378 页）

自勉并勉同志

人生天地间，

各自有秉赋：

为一大事来；

做一大事去。

多少白发翁，

蹉跎悔歧路。

寄语少年人，

莫将少年误。

《行知诗歌集》（上海儿童书局 1933 年版）

（董宝良主编《陶行知教育论著选》，人民教育出版社，2015，第 627 页）

糊涂的先生

一

你这糊涂的先生！

你的学堂成了害人坑！

你的墨水笔下有冤魂！

你说瓦特庸。

你说牛顿笨。

你说像个鸡蛋坏了的爱迪生。

若信你的话，

那儿来火轮？

那儿来电灯？

那儿来的微积分？

二

你这糊涂的先生！

你的教鞭下有瓦特，

你的冷眼里有牛顿，

你的讥笑中有爱迪生。

你别忙着把他们赶跑。

你可要等到：

坐火轮，

点电灯，

学微积分，

才认他们是你当年的小学生？

《行知诗歌集》（上海儿童书局1933年版）

（董宝良主编《陶行知教育论著选》，人民教育出版社，2015，第643页）

手脑相长歌

人生两个宝，

双手与大脑。

用脑不用手，

快要被打倒。

用手不用脑,

饭也吃不饱。

手脑都会用,

才算是开天辟地的大好佬。

　　　　《行知诗歌集》(上海儿童书局 1933 年版)

　　(董宝良主编《陶行知教育论著选》,人民教育出版社,
2015,第 645 页)

教师歌
——献给儿童教育社同人

一

来! 来! 来!

来到小孩子的队伍里,

发现你的小孩。

你不能教导小孩,

除非是发现了你的小孩。

二

来! 来! 来!

来到小孩子的队伍里,

了解你的小孩。

你不能教导小孩,

除非是了解了你的小孩。

三

来! 来! 来!

来到小孩子的队伍里,

解放你的小孩。

你不能教导小孩，

除非是解放了你的小孩。

四

来！来！来！

来到小孩子的队伍里，

信仰你的小孩。

你不能教导小孩，

除非是信仰了你的小孩。

五

来！来！来！

来到小孩子的队伍里，

变成一个小孩。

你不能教导小孩，

除非是变成了一个小孩。

《行知诗歌集》（大孚出版公司1947年版）

（董宝良主编《陶行知教育论著选》，人民教育出版社，2015，第650—651页）

三、张宗麟

(一)简介

张宗麟，浙江绍兴人，生于江苏宿迁，我国著名教育家。著有《幼稚教育概论》《乡村教育经验谈》《幼稚园的社会》《幼稚园的演变史》等。

(二)名言

1.无论哪级教育的课程，只有两个根据，好像人类只生了两只脚，这两个根据，一个是成人生活——社会；一个是孩子生活。

（张宗麟：《幼稚园的社会》，海豚出版社，2012，第21页）

2.孩子虽然住在家里，可是她对于家里的一切，倘若没有人指引，她会完全不知道的，宛如普通成人天天住在大气里过活，不是科学研究，会完全不感到大气的一切。

（张宗麟：《幼稚园的社会》，海豚出版社，2012，第42页）

3.一切知识，一切能力都是随时长进的，所谓"做到老，学到老"。我们指导孩子们做，我们自己的长进比孩子们还要快，还要多。

（张宗麟：《幼稚园的社会》，海豚出版社，2012，第67页）

(三)名篇

什么是幼稚园活动的根据（节选）

无论哪级教育的课程，只有两个根据，好像人类只生了两只脚。这两个根据一个是成人生活——社会；一个是孩子生活。

洛格说："从成人生活里得来的事实，是决定永久价值的；从孩子生活里得来的事实，是决定各期儿童教育价值的。"

……整个的社会有三方面：一是过去的历史关系，二是现代的各方面关系，三是影响于未来的情形。学校课程也就要包含这三方面。历史科的材料大半是研究第一方面的关系，我们生活到今日地步确非一朝一夕之事。语言、文字、数目，以及科学等大半为着第二方面的，这是人类沟通的工具，也就是解决生活问题的必需。把现代生活必需品研究得彻底，用科学方法再求进步，这是第三方面的事，学校科目中虽然没有专立科名，但是每学科缺少了这个精神，就好像没有生气的人体模型一样。

幼稚生年龄很小，对于社会情况很少经验。幼稚园要把社会三方面都做到，当然要费些手续。最直接而容易做到的活动，如了解家庭的状况，社会的职业，食物的来源，用品的制成，以及乡村儿童明了城市生活，城市儿童明了农村社会，还有各国的孩子，苗人生活，游牧生活等，这种种活动虽能做到以后，于第三方面的关系竟会毫不涉及的。但是孩子们对小团体的生活确能完全领悟，并且也能做几件极单纯的"互助""合作"等工作，例如集合几个孩子做纸鸢，做箱子，搭积木，玩泥沙等，都很能极愉快的共同达到目的。克劳塞说："孩子们倘若因实际的团体活动而领悟到人们怎样经营共同生活①，他也能得着怎样改进团体生活的暗示。"这样说来，幼稚园对于社会的第三方面也可以做到。

幼稚园课程的另一根据是幼稚生的生活状况。达恩斯说："孩子可以领悟任何人生的，物质的，以及社会集团的，现代状

①出处为"孩子们倘若因实际的团体活动而领悟到人们怎样营共同生活"。——作者注

102

况的一切，这种种领悟的能力，只有他自己的经验所能给与的。要想孩子明了而欣赏一件抽象的，经验里所没有的，别地方或别种职业的团结生活，远代的史事，都是不可能的；除非他已经先有了直接生活的概念。"

幼稚生的生活究竟怎样呢？ 笼统的儿童心理定律，或者是一二个儿童生活的研究，在各种教育书里说得极多。 不过各地的儿童不会一致的，甚至同一地方的孩子，他的家庭背景如不同，就会显出两样的生活状态。 例如上海是五方杂处的大商埠，其中有许多儿童从乡间来，有许多从内地来，有许多是老上海人。 这一群孩子必会显出许多不同的样子来。

幼稚生的生活不是不能参照的[①]，实在因为各个间的差异很大。 我们只能根据有普遍性的几点，然后来拟订富有弹性的活动。 不但孩子可以自由，教师也得在这种普遍性的规律之下自由伸缩。

（张宗麟：《幼稚园的社会》，海豚出版社，2012，第 21 - 22 页）

实施社会活动的原则（节选）

第一节　教育学上的新趋势

关于教育方法的新花样，现在可说多极了。 究竟会趋向到哪条路上去呢？ 我来引两句话做指示的实证。

桑戴克说："与其说教育是预备生活，不如说教育就是生活。 ……倘若学校里的生活格外近于实际生活，那么合理的反应转到实际生活上去也格外能真确。"

华虚朋赞许欧洲巴古里残废学校说："巴古里学校生活自身便会选择设计，设计的选择不是为着预期未来的需要的，需要自

---

　　① 出处为"幼稚生的生活不是不足靠"。——作者注

身便创造设计。"

…………

"学校教育要与现代的生活打成一片"这是现代教育新趋势之重要点。 其次是"个别学习而能互助与合作"。 关于这点，有历史的沿革可以寻究。 班级教授的产生是因着社会希望学校工厂化而来的，希望在一个极短的时间里，用同样的材料，可以教育几十或几百的学生。 不过自从心理学渐渐脱离神秘哲学以来，儿童的学习，不如机器的生产的观念也渐渐明了了。 所以由班级而偏向别个。 不过社会不是各个人独立无关系的，事情的做成也不是件件都可以独力干成的。 因此互助与合作也就成为学习的原则了。 这条个别而互助合作的原则在幼稚园里格外来得显明。 例如蒙得梭利的恩物与方法就是显明的个别教育，不过对于互助与合作还嫌不足。 ……

其三是"朋友制"了。 教师对于学生素来是师严道尊的，学生在学的时候，绝对服从师命，教师所注重是装货箱，不必问学生要不要。 这条路也已经走完了。 教师哪里是至尊呢？ 不过是学生的朋友罢了。 美国行设计法的教师是本组活动团体里的一员，与儿童共同进行，共同操作。 欧洲新学校的教师也没有一个执着教鞭，傲气凌人要学生背诵教科书，学习某种技艺的。 教师是抱着感化态度，不是取干涉手段的，除出极少数的习惯训练如进饮食，洗澡等是按着科学方法严行规定外，其他诸事，教师都是从旁指导，从来没有直接的命令。 所以儿童发现了一件有趣味的活动①，竟可做到一月半月，教师只从旁供给原料，做进程中的顾问。 在外表看起来，以为是教师偷懒。 哪知道教师是充满着热忱与爱，是顶知己的朋友，不是凶恶的工头。

———————————

①出处为"所以儿童发生了一件有趣味的活动"。——作者注

对于学生的进步，无时不留心的。

我不敢武断新教育方法的潮流只有这三种，但是在幼稚园的社会活动里确实只有这三种潮流是最重要。

第二节　心理学上的根据

心理学的研究与哲学同时产生，近来渐渐地走进科学的路上去。所以它的派别异常复杂，但是关于学习心理学的一部分，各派的意见大致还相近的。关于习惯问题在幼稚园社会科里，占着一个极重要的地位，习惯的养成是学习心理学的事。所以在这里特地抽出最重要的几条来讨论。

（一）成功与有效　第一次做某件事成功了，那么第二次做的效率必能格外有进步。例如幼稚生对教师报告一件极简单的事情，这次是口齿清楚，得到教师的赞许，那么他第二次遇到同样事情，一定格外清楚。

（二）继续不断的练习　习惯的养成要经过一定历程，在进程之中，决不能有一个例外。例如吃东西以前要洗手的卫生习惯，在没有完全养成的时候，每次必定洗手，决不能有例外。倘若有了例外，便可以把从前所学的减去很多。

（三）兴趣与目的"兴趣"二字已经成为许多心理学派争论的中心，不过无论如何有一件事是极值得讨论的，就是做事的起劲与不起劲，是极显而易见的，怎样会使工作者起劲呢？就是工作者对于这件工作有他自己的目的，那么就起劲干。倘若这个目的不是他自己的或者竟使他达不到目的①，他就做得不起劲，甚至于不做。例如幼稚生搭积木，倘若是他要替玩偶搭一间房子，他就做得极起劲，倘若是教师教他搭一个圆或方的房

———————————

①出处为"倘若这个目的不是他自己的或者竟使他得不到目的"。——作者注

子，他有时就会说："不高兴。"或者搭了好久还不成功。 即使教师骂他"蠢才"，也没有用处。

（四）交替反应 这是行为心理学派的贡献，简单的说来就是某人同时受了甲乙二个刺激，发生了一个反应，以后不论受着甲丙或乙丙的刺激，也有同样的反应。 复杂的交替反应，几乎可以使人摸不着头绪，但是仔细分析以后也会找出根来的。 华真就是用行为心理学的方法来研究儿童心理学的一人。 他对于解释儿童的行为，极注意于交替反应。 因为人类的行为是复杂的反应，这个复杂的反应之养成，决不是单纯的，至少有两件以上的刺激。 有了同伴的刺激，就会发生交替反应。 它的结果竟会出人意料，所以有时候同样的方法，在两个幼稚园里做起来，会发生不同样的结果，就是这个缘故。 因此我们培养幼稚生的习惯时必需注意下列三个条件：

（1）幼稚生的健康 健康与学习发生的影响最大，在不健康的时候最会发脾气，最不愿与人接触，不但学习效率减少，并且发生意外的交替反应的机会也增多，蒙得梭利①虽然不说出交替反应的学理，但是很承认健康与学习大有关系，这点我们要首先注意。 例如儿童对于医生终是怕的，因为寻常社会只有害病的时候才去见医生。 因此医生与痛苦在儿童的心理上发生了交替反应。 于是医生来了，必定会有痛苦的错误推论，在儿童以为是极正当的，并且这个刺激与反应之间，完全不能加思索而发生的。 所以我们做一切活动的时候，考察儿童的健康，是一个先决问题。

（2）幼稚生的生活背景 ……他的生活背景就是发生现在交替反应的因。 我们看清了孩子有多少因，那么可以免去许多

---

①蒙得梭利：通译蒙台梭利（Maria Montessori），下文同。

教育上的浪费。　例如对于甲虫有的孩子看到以后吓得面如土色，有的儿童能够去玩弄饲养。　儿童对于任何生物都不怕的，甚至皮毛也不怕的，不过倘若同时加有一种可怕的刺激那就惧怕了。　多数孩子怕生物的缘因，为着他的成人或同伴看到生物惧怕。　我们既然知道这个根源，第一步就要做如何使儿童不怕，然后再可以研究生物，与生物做朋友。　注意儿童个性不是近几年来的事，但是从调查儿童生活背景来解释儿童的个性，是一个最根本的办法。

　　（3）当时的环境　学习时的环境适当，学习的效率高，不然就会降低。　这个理由不是什么神秘的，也不过是交替反应。例如练习音乐的时候，必需有极幽静的场所，再加上教师和蔼的脸，活泼温柔的举动，清晰的琴声，那么学习者自然很能学得极有效，倘若是一块许多声音杂沓的场所，或者教师是极粗蛮的，或者琴声是噪音，都于练习音乐上不很相宜。　本段所谓环境是包括教师、学生，以及四周的物质设备而言（其中学生除身体健康已于（1）段里说明外，其余如衣服等也是包括在内的）。　怎样才算是适宜的环境呢？　幼稚园是养成儿童有独立自由精神的，所以除出如音乐等必需极平安幽静的环境外，其他各种活动的环境不必供给得周备，但是要供给可以有引进工作的环境，所以原料品是适用的，现成的玩具是不适用的。　教师呢，不能处处干涉，不能个性太强，本章前节所说的朋友制，是必需要的环境之一。

　　本节不抄录许多儿童心理学上的学说具举这四端，著者自知太简单。　但是儿童是否有本能的争辩，至今还未有结论。　儿童是否可塑性特多的争辩也未定实。　其他如儿童学习能力、记忆力是否比成人、老年人强的论调也渐渐有人来证明是不很确实了，在纯粹的儿童心理学上还未决定以前，似乎不应该引作教育上的根据。 正如没有打定坚固的基础上，不应该建筑高楼大厦。

第三节　几条实施的原则

把幼稚园课程弄到这个地步，既不是福禄勃尔派，又不是蒙得梭利派，在心理学上又不根据詹姆士的机能派，那么在实施上多少有些要失去有系统的组织。 这些散漫或者是教育上的损失。 不过无论如何不致于再用成人来戕杀儿童。 怎样免去散漫，到现在还没有一定的方式。 有人采取设计法，但是设计法的应用在小学是极合用，在幼稚园就要经过修改。 本节单谈几件实施时应注意的诸点：

（一）留心儿童动作　孩子们的社会与成人们不同。 我们虽然不能领略他们的乐趣，但是可以观察他们的动作，相机帮助，增进他们的乐趣。 例如第六章的乐境，完全是留心儿童动作而做的。

（二）临时的遭遇　这是社会上的事刺激儿童，于是儿童也就大举动起来。 在成人眼光里看起来虽然太不郑重，在儿童确能认真的做。

（三）有意的刺激　在必需要儿童领会的事情，教师就得设法来刺激儿童做有目的有计划的活动，例如第六章纪念日的设计等。

以上三点是决定要做的活动的路。

（四）丰富的原料品与适当的工具　竹头、木屑都是原料品，比现成的玩具有用。 小斧、小槌、剪刀、小铲等都是极重要的工具。 布做的玩偶，竹的小床，旧袜子做的小动物都是他的家具和伴侣。 预备工具与材料只要从这方面着想，不必多买现成的玩具。

（五）指导组织，引进思考　儿童应该自由，但是应该肯改进，并且能合作。 这二点都要靠教师的力量了。 当一个活动已经开端，其中工作决不是单纯的，也不能全体儿童同时都参加一种工作的，所以一定要分组。 分组须得儿童的同意，或先每组选出一人，由他去请别的小朋友。 或者由各个儿童自己认定。 不过后者较难，稍不留心，就会使这个活动全盘打消。 当发现儿童的工作度渐趋低下时，教师就要来设法提起。 当儿童遇到困难时，教师用暗示的方法来解决这个困难。 有时儿童不愿自己用思考，完全求助于教师，这是不应当答应的，教师可以陪着他做一段，或发现他的困难点，共谋解决。

（六）随时息手，随处起头　这句话或者会引起误会，就是对于活动太不郑重。 不过幼稚生对于长的活动很难做完，有时候他的身体不胜持久，因为他的能力不胜解决困难。 为着这个缘故，每一个活动教师可以把它分成许多小段，随时可以得到一个小结果，随时可以息手。 但是每个段与段之间要没有很大的界限，以便随时可以起头。

关于这点，有人主张每科算做一个段落，例如图画、手工、游戏、唱歌等各各算做一个独立的活动。 这很近乎分科设计，也很像小学里的联络教材。 此法引用到幼稚园里来难免有勉强的地方。 因为图画、手工等科的技术训练与各个活动里的一段是不同的。 勉强拉进去，就会发生顾此失彼的弊病。 ……

（七）关于习惯训练的　关于习惯训练我很钦佩蒙得梭利氏的方法。 蒙氏于心理学虽有误解，于儿童生理学确是研究得很精。 她的恩物，几乎可以说都是训练感官的，她能用极有趣的玩具来训练感官。 所用的方法又是让儿童有自由，教师不过来引起一个头。

习惯训练不是一朝一夕之功，也不是甲地应如是，到乙地就可以改的。 习惯训练要继续不断，没有一次例外，到完全养成，完全熟练为止。 幼稚生应该养成的习惯很多，在幼稚园里固然可以养成一部分，然而没有与家庭切实合作，也难免有一曝十寒之弊。

（张宗麟：《幼稚园的社会》，海豚出版社，2012，第33-40页）

明日的幼稚教育（节选）

明日的幼稚教育，是明日的社会的产物；好比今日的幼稚教育是今日的社会的产物。 那么明日的社会又将变到怎样？明日的幼稚教育又将怎样？这件事谁也不敢百分之百的肯定确说。不过用科学的推理来预测，那么今日的社会是昔日的社会演变而来，明日的社会也将从今日的社会演变而成。 所以预测明日的社会与明日的幼稚教育虽然不会十分准确，但是也不会完全错误，至少今日的希望如是，将来可以有实现的一天。 不过这个明日，当然不是过了二十四小时以后的明日。

…………

今日社会的危机是否会转变呢？ 社会学家以为必需把近日的社会重新安排，重加组织。 但是社会的构成不是偶然的，也不是突然的，那么要重新安排与重加组织，也就不是化学室里的氢氧氧化合成水那么容易。 螺旋形的上去，也就得螺旋形的出来。 这里，我也不会相信明日的社会的到来还得经过几千年，当然也得请诸位勿误会到这层。

明日的世界真不知变到怎样地步？

明日的幼稚教育演变到怎样地步？我们也不敢十分准确的回答，不过从已有的几点因由上推测下去，可以得到下列几点。

（一）明日的幼稚教育毕竟普及的。 越是乡村与工厂附近，普及得愈加快。

（二）明日的幼稚教育必定为某个集团（国家或其他）或某

种思想训练幼稚儿童的一种重要事业。 所以它一方面是帮助忙碌的母亲们免去麻烦，一方面也就是在此时预先训练未来的民众。

（三）明日的幼稚教育必定是"教"与"养"并重的，幼稚园是儿童的另一个家庭，决不是上课读书的场所。

（四）明日的幼稚教育必定是与家庭沟通的。 幼稚园不但教育儿童，也是母亲受教育的机关。

（五）明日的幼稚教育必定是于小学联络的。 小学与幼稚园的一切办法完全一致的。

（六）明日的幼稚教育必定训练儿童有集团工作的精神，免去个人单独行动的散漫行为。

（七）明日的幼稚教育必定引用科学的养护法，使孩子在幼稚园里长成比家庭中光用慈母的爱的滋养还要有效。

（八）明日的幼稚教育必定有她的一贯主张，一切设施都合乎这个主张，尤其如玩具等等都免去神秘等意味。

（九）明日的幼稚教育教师除了为着维持个己的生活外，最重要的任务还是为着实现他的集团的理想。 所以他是集团的工作者，不是为着个人的职业。

时代的轮子继续不断的推进着，幼稚教育也就在各个轮齿上前进。 不知道十年后的社会变到怎样地步？二十年后又变到怎样地步？那么十年后二十年后的明日之幼稚教育可以实现百分之几呢？我们大家希望着吧！ 也就大家在时代的轮齿上努力着吧！

（张宗麟：《幼稚园的演变史》，海豚出版社，2012，第60－62页）

四、张雪门

(一)简介

张雪门（1891－1973），浙江鄞县（现浙江省宁波市鄞州区）人，著名学前教育专家。 主要著作有《幼稚园行政》《儿童保育》《幼稚教育》《幼稚园教材研究 幼稚教育新论》等。

(二)名言

1.若教师只注意社会的生活而不以个体的生活作根据，未必能引起现时儿童生活的反应；若只注意个体的生活而不以社会的生活作前提，仅足以构成理想中的爱弥儿，其生活仍须受现社会的支配。

（张雪门：《幼稚园教材研究 幼稚教育新论》，商务印书馆，2014，第 8 页）

2.教材的目的本为充实儿童的生活，而生活的本身实包含社会和个体。 幼稚园选择教材的时候，不论是一首歌曲、一种游戏，要想满足社会的需要，适合儿童心身的要求，而使之有确当的意识和动作，就不得不先有几种标准。

（张雪门：《幼稚园教材研究 幼稚教育新论》，商务印书馆，2014，第 10 页）

3.幼稚园教材是一般在幼稚园的时候儿童生活的经验。 他们的经验一是从（1）本身个体发展上而得，（2）和自然环境相接触而得，更有从（3）社会环境交际而得的。

（张雪门：《幼稚园教材研究 幼稚教育新论》，商务印书馆，2014，第 17 页）

4.儿童有了经验，要把自己的经验发表出来，同时也要领略别人的经验，就不得不有言语的需求。当自己的经验和别人的经验不一致的时候，更不得不用言语做交换的工具。言语的作用，不外乎是。所以言语的学习也只有在这样的一些机会里才能进展。等言语发达以后，儿童搜求别人经验的范围更大，不仅仅乎拘于直接的言语，那代表言语的文字，也变成儿童需要的中心了。

（张雪门：《幼稚园教材研究 幼稚教育新论》，商务印书馆，2014，第31页）

5.但在幼稚园里各种知识技能都是从儿童的动作上得到的。在我们成人看起来，似乎太不经济了。可是将来一切的经验，都是以这些经验作基础的；假使这些经验不正确——错了，将来再想更改就不容易了。

（张雪门：《幼稚园教材研究 幼稚教育新论》，商务印书馆，2014，第128页）

（三）名篇

教材的意义和目的（节选）

儿童到幼稚园要学些什么？幼稚园教师须教些什么？教和学又怎样地联络起来？这三个问题就是幼稚园教材研究的中心。本来，教师和学生恰如一件东西的两端；从这一端到那一端，又从那一端到这一端，中间的凭借物，必须能把这两端彼此紧紧地衔接，才能够发生相互的关系。这一种凭借物，在教学上的名称，就是"教材"。

教材的范围很大，并不限于一首歌曲、一件手工，凡儿童从家到校，又从校到家，在家庭、道路、幼稚园所受的刺激，能够引起儿童生活的要求，扩充儿童生活的经验，潜移儿童生活的意识的都是。 教师不过利用这些刺激，重新唤起儿童生活的反应，使其要求格外强烈，经验日益加增，意识逐渐固定罢了。

教材在现在的幼稚园，大家都有贫乏之感。 有的只好用旧材料：去年教的是这一首歌，今年还是这一首；去年玩的是这一种游戏，今年还是这一种。 重复又重复，弄得儿童一点儿没有兴趣了。 也有把小学的材料，选短一些的来充数的，也有把小学原有材料删去几节的，更有把粗制滥造的译文拿来应用的；至于这些材料对于儿童究竟怎么样，是不会顾到的，而且也没有时间去顾到的。 幼稚园教师如果竟像目前这样选取材料，最容易发生错误的见解。 当教材不能引起儿童反应的时候，总以为儿童淘气不学好，永不会考虑到教材本身的缺点。 其实，教材不论是现成的，不论是创造的，其唯一的目的，实为充实儿童的生活，决非灌注儿童的熟料。 因教材的目的在充实儿童的生活，所以对儿童是活动而非知识，虽然活动里面未始不含有知识，但决不是特殊地抽出来的死知识，且教材在儿童生活上的功能，是一种开始，而不是结果，若看教材当一种生活的结果，那儿童便可看做是一种空的东西待容纳了教材才能显出生活的功能；这一种生活即使实现，也不过是机械的反应罢了，在人生上有什么价值！ 又生活是流动的，所以教材的本体更应是现在，不是因袭！ 教师为儿童选取教材①；教师是熟悉教材的，而儿童是方去学习。 但事实上，教师往往忽略了客观的目标，过分重视自己的成见。 教师是成人的代表，成人的知识是专长的，是孤绝的，而且是抽象的。 但儿童进幼稚园的时候，心中没有学科的观念，他看宇宙间一切的一切，全是整个儿具体的活动。 所以

①出处为"教师为儿童采取教材"。——作者注

教师对于儿童，不要仅凭抽象的言语文字，来介绍有系统、有类别的材料，只要常常利用自然和社会的环境，以发生其生活的要求，增进其生活的经验，养成其生活的意识罢了。

我在上节再三地提到教材的唯一目的，在充实儿童的生活；但所谓"生活"，究竟是哪一种的生活呢？我现在可以把它分开来谈：一种是社会的生活；又一种是个体的生活。

什么叫做社会的生活呢？就是我们现在生存的社会群众的生活。我们想要在这一个群众的社会里生存，至少须有适应这一个社会生活的经验和能力。比如他住在北平，他一定要能够讲北平的话，吃北平的饭，知道北平的物价，应用北平的习俗；否则生活上便要感到非常的痛苦，就不容易在北平生存，甚或是不能在北平生存的了。我们生存在这个社会里已经是几十年了，对于本地方的言语、饮食、习俗，以及各种的物价都不会感到困难，但在我们幼龄的时候，即据"说话"的一件事来说，当初只能发音，以后能发有意义的音，再后渐能和别人对谈，末后才达到了说话完全的功能。其学习的动机、过程及结果，无一不根据于适应社会生活的困难，然也无一不因为要适应社会的生活才有学习的行为。再如我们现在航海中遇了险，被野人捉了去，我们要想适应野人的社会生活，我们生活中所感受到的切身痛苦，正和我们的小孩子堕到我们成人的世界里来是一样的。且社会的生活，决不像我上面所举的说话、饮食、习俗、物价等这样地简单，人类许多有价值的经验，如道德、科学等全和社会的生活有连带的关系。个人要想适应像现在这样复杂的社会，便不能不认定这些全是社会的生活条件。

但是社会是流动的，是变迁的，科技发展以后[①]，交通日益

---

①出处为"科学发明以后"。——作者注

便利，甲地的事变，立刻可以影响到乙地；近十年来，社会的变动更迅速而广大。古人生活上许多有价值的经验遗传下来，到了现在不但不能供生活上的帮助，且成为生活的障碍，而使生活日陷于痛苦。虽然这些过去社会的遗留物，仍足以支配现社会大多数的生活，但少数明眼的人已经要求有一种适应现社会生活的新经验起来代替。历史上这种事实，非常明显。譬如"顺从"，本是我国从前宗法社会的一种懿德。天下的女子都能"在家从父，出嫁从夫，夫死从子"，天下的男子都"对父能孝，对君能忠"，那末宗法的制度自然万分稳固，社会的秩序也维持住了，个人的生活更不成问题。但海禁开放以后，帝国主义、资产阶级和买办、官僚等一齐像狂风暴雨般把宗法制度打毁了，人民怎样还能保守着旧经验，和绵羊一样的顺柔，低头下心过非人的生活？所以我们要求生存于现在的社会，"顺从"已是极不重要的东西了，"自动"才是有价值的生活条件！又如"洁身自好"，也是以过去时代为背景的一种产物，但到了现在，不该还有人抱着"各人自扫门前雪，不管人家瓦上霜"的个人主义，所以我们不得不提倡"团体的生活"！此外如以封建社会为背景的"士大夫"，把读书看做是"这一阶级"特有的权利。孟子说"劳心者治人，劳力者治于人"，就是替这一阶级下的定义；也就是说士大夫只要用心读书，读了书就可以去治人。那被治的阶级又是怎样的人呢？是劳力以供生产的人，也就是替统治阶级生产而受治于统治阶级的人。中国士大夫化身的资本家，其基础就建筑在这一个观念上。如果我们感到现社会生活的不安，就当注重"劳动与生产"，不当再把过去时代的残余思想仍旧紧紧地保留着！

什么叫做个体的生活呢？就是在幼稚园的时候儿童个体发展上的生活。儿童绝不是具体而微的成人，不但生长上快慢不同，就是生理上的结构也不一样。譬如"筋肉"，成人的重量常占其体重40％多，儿童只占20％有奇；成人筋肉粗大结实而水分较少，儿童的筋肉细小而水量较多。且儿童筋肉的发达，四肢背上各部筋肉发达的速率，要比别的部分快些，而纤维筋肉的发达，又要比别的部分缓慢些。儿童和成人的筋肉，既不一样，且纤维筋肉又不十分发达，所以福禄培尔①有一部分过于精致的恩物②手工不得不淘汰，而纽约各家地砖公司的花砖和海尔氏的大积木成为儿童个体生长有价值的需要品了。又如儿童的骨骼比成人较富于磷质，躯干较长，腿部较短。这种短矮的腿部，负担上身的重量实比成人为难，而腿部的发达更不得不有赖于运动；滑车、摇椅、三轮车等就成为这一时期生活上极重要的游戏材料。

上面所举的，仅是生理上的几个例子，至于心理上的发展，对儿童的生活更为重要。儿童进幼稚园的时候，各种感官已经发达完全，且也已能彼此联络；受外界刺激而起的反应颇快，整天奔东奔西，看看这样，望望那样，感觉的好奇逐渐蜕化，而理智的好奇已起。生活经验的扩充，好奇实为其根本的要素。再加这一时期模仿和暗示感受性极盛，摹拟成人的生活，——都从其游戏中表现出来；然后对生活的意识，儿童始有了把握。思考是行为最重要的条件；虽儿童对于事物的关系与因果的比较，因观察经验的缺乏，常做出可笑的假定，然而不能不承认其已有思考的作用。我们应该怎样加以训练，使思考力逐渐发展起来，完全可充生活的方针，在研究教材的时候是不得不再三注意

①福禄培尔：通译福禄贝尔(Friedrich Wilhelm August Fröbel)。
②恩物：德国学前教育家福禄贝尔为儿童设计的一套玩具。恩物为适合儿童教育的特殊需要，须仿照大自然的性质、形状及法则，制造简易的物件，作为儿童呈解万物和认识自然的手段。——编者注

的。 他如儿童日常生活中所含的兴趣，感情和欲发为动作的冲动，虽然属于暂时的，也当设法使之有发表的机会。 此外如雨后的流水、天上的浮云，儿童常对着发生神秘奇妙的想象，而这种想象不论其是否后日伟大理想的基础，就是想象的本身在个体生活上也有其不可磨灭的价值，须鼓励它一天比一天发达才好。

教师能把社会的生活和个体的生活两相联络起来，儿童的生活才得充实，教材的目的也得以贯彻了。 若教师只注意社会的生活而不以个体的生活作根据，未必能引起现时儿童生活的反应；若只注意个体的生活而不以社会的生活作前提，仅足以构成理想中的爱弥儿，其生活仍须受现社会的支配，不过在中国不安的境况下又多添一些苦痛的分子出来罢了！

（张雪门：《幼稚园教材研究 幼稚教育新论》，商务印书馆，2014，第3-8页）

文学（节选）

文学是人类丰富的想象和真实的情绪的结晶，无论韵文和散文（在幼稚园的时期里只有故事是散文的代表），只要合于儿童的经验，无一不为他们所爱好。 儿童的经验，由于家庭教育的影响，如果没有过于特殊的背境，到了幼稚园的时期，对文学总能够起反应的动作。

…………

民间流传的材料较多，如有辞句没有意义而互相连贯的急口令和拗口令，想入非非故意颠倒事实的滑稽歌，由儿童的心理描摹小动植物行为的儿歌，以及浅近的物谜，带有动作的游戏歌，幼稚园的教师能够鼓励年长的儿童和别级的小朋友，作尽量的介绍，确是一块未经开辟的园地。

故事中最合于初期儿童用的是动物故事。这类故事，含有万物拟人化的思想，却没有神话的严肃态度，若和寓言相比，又没有什么教训。内容的主人翁，不是小猪，便是小兔子、小山羊、小鸡……都是各地小孩子最容易见到的东西，而且都是和善的（不是过于凶恶的）东西，随时见到随时可以讲的。儿童们听了这类故事，对自然物的同情日益加增，且幼龄时期文学的兴趣亦借以培植。其体裁上反复地重述和大小轻重等具体描写，于发展儿童的经验上，实有重大的帮助。神仙故事也是这一时期儿童所爱好的。神仙是指美丽的小神仙，不是神话中有姓名的神，他常做些于人有益的事情，和有特殊技能时走到人间来的小妖差不多，都是超越实际，能使儿童们有一种思索不到的意味。笑话，是那一种不用思考一说就笑的，最合于幼稚园的应用。利用熟悉的事实做成不相称的行为，使儿童们听了，智慧敏锐而有生趣。但这一类的故事，如果内容过于含蓄，或者太粗野太刻薄了，都不是相宜的！等儿童到了幼稚园的后期，经验日增，想象渐脱离了空幻而就实际。那时候，佳儿故事、名人的儿童生活，以及远地人、古时人的生活，又变成他们追求的对象了。

神话是神或"超自然的存在"的行为之说明，常在原始思想界里表现，企图说明人类与宇宙的关系。对儿童述说神话，不是在介绍初民的思想，实为利用那些科学及哲学的解释以满足现代小野蛮（即小孩子）一切求知的问题。儿童需要神话，和需要半神历史的传说在同一的时期；大概幼稚园快毕业的儿童，才能欣赏这类的材料。因为儿童到了这一时期，求知心一天比一天走上推理的轨道，神话在这一点上正可以充他们的顾问，实比依据纯正科学或哲学的立场，来得容易接受。在教育上，神话不过为解释科学等问题做一种过渡的船只罢了，其次就是鼓舞儿童冒险的成功、勇武的意志，所以近十年来，教育者往往有意地将其中无意味的名词去掉，将严肃的体裁改变成科学的故事了。 寓言在幼稚园里，并不占重要的位置。 如我国编译的伊索寓言演义，固然也有可取的材料，但总嫌其所含的道德教训，或者不合于现代潮流，或者违反儿童的心理；再加一般的教师，总喜欢将其内容的真意，代为揭出，做训斥儿童的警语，对于小孩子自然更损失了欣赏的意味。

儿童在幼稚园里应享有自己文学创作的乐趣。 他们根据直接的经验来创造故事，或者完全出于想象的构造，也有时因听得别种的故事提起同体裁异组织的事实。 在茶点的时候，教师谈些今天早晨儿童们还没有来时所碰见的有趣味事情，或者讲些昨夜黑暗里所听见的声音，鼓励儿童自己作经验的报告。 在教室的一隅，是小图书馆的布置，有书架、矮桌子、小安乐椅等，一天里面碰到闲暇的时间，教师和学生都可以去阅览书本和画片。 这些书本最好是放大着色的布制书，标着所有者的姓名，放在拿得到的书架上，或者是乡村、大人工作、儿童游戏的画片，积置图书馆桌上或挂在低处的墙壁上。 书本和画片当然不是一时间里都陈设出来的；一时陈设过多，徒然引起儿童乱翻的行为罢了。 少许的书画，较易博得儿童的注意，经过相当的时间，再给他们换上别的，是最经济最有效的办法。 儿童阅览书画，要探究书画中的故事，便会发生"这幅的意思是说些什么""请说这本书中的事给我听"等问题，也会讲书画中的故事给别人听。 故事图是描写动作无声的故事，其本身上自有启发儿童想象的能力；儿童在谈话方面若已获得组织思想的经验，看图讲出故事来，当然是极容易极自然的事情了。 我主持过的几个幼稚园，如北平市艺文幼稚园和香山慈幼院的蒙养园，儿童多喜欢讲自己创造的故事，虽然讲得乱七八糟，但讲的人和听的人都感到同样的兴趣。 我们能够有时给他们整理下来，保留在一本书中，使之往后随时可读，那么儿童发表的价值将随其尝试的兴趣和成功的愉快一次当比一次的进展了。

儿童有时也会编出有节奏的韵语来，自己念着，如"老猫？老猫也没有。 老鼠？老鼠也没有。 狗狗？狗狗也没有。 糖糖？糖糖也没有"。 又如"小猪！ 小猪！ 肚子很粗！"教师都可以帮儿童把这些的意思用图画表现出来，最方便的是用剪子在外国旧杂志中选有关系的图样剪下来[①]，贴成本子给他自己，不时拿出来供他和别的小朋友欣赏，于培植儿童文学初步的发表影响极大！ 教师更可以利用儿童的自由画，征求原作者画画的意思，在图画的衬纸上，用儿童的口吻，给他有一句记一句，有一字写一字，完全把画画的真意保留下来，使儿童体味艺术和创作文学发生永久的兴趣。

…………

（张雪门：《幼稚园教材研究 幼稚教育新论》，商务印书馆，2014，第 40－46 页）

言语与文学（节选）

儿童有了经验，要把自己的经验发表出来，不得不用言语，别人的经验自己愿意知道，也不得不用言语，假使自己经验与别人经验有不相一致的地方，更不得不用言语作交换的工具。 那些言语中含有真实的情绪、丰富的想象，不论是有韵或无韵的，都叫作文学。 文学的媒介，在我们成人中，多半是借重于文字，但在幼稚园中，多半由于直接的口说。 言语因文学而优美，因文学而增加语汇，更因文学而技术进步，思想正确，所以

---

①出处为"最便是用剪子在外国旧杂志中选有关系的图样剪下来"。——作者注

言语和文学在幼稚园中更有密切的关系。

…………

（一）幼稚园儿童可能的言语与文学的活动

1. 自由谈话——自由谈话，就是无系统、无组织的随便谈话。如早晨来园时，他把昨晚所见到的事，讲给别的儿童听；或今早到园来的时候，把方才从路上所见的东西讲给别的儿童听；或者儿童们遇在一起，探问昨天不来的原因；或在园中游玩的时候，见花讲花，见鸟讲鸟。自由谈话，并不只限于没有上班的时候，就是上课的时候也可。如正在工作时，纸不够了，向同学借纸，向教师要纸；如浆糊没有了，或剪刀没有带来，向别人借剪刀要浆糊；或拿纸做的钱向杂货铺买东西去，问买一尺要多少钱。又有游戏时，一个小孩不守规则，另一儿童见了便说："那不行！球传得不对，为什么不一个个地传下去，而是掷过去的呢？"或听完故事（如讲两兄弟的故事）后，有的说："弟弟真好，哥哥活该。"这类的言语，我们在表面上看来，好像零零碎碎毫无意义的，但是对于言语的表达上最为自然，而最能得到言语的功能。

2. 特殊谈话——特殊谈话是在一种特殊的景况下的言语，和上段的自由谈话不同；如带儿童去旅行，或到农场去，或到公园里去，或到童子军营去，在未去以前讨论种种的计划，等到去时看见什么说什么，因为场合既是一定的，所讲的言语自不会超过场合以外，自然有一定的标准了。比如有时教师用一种方法使儿童有言语的机会，如在儿童吃完点心后，令其休息一会儿，至鸡叫后，教师问其做了什么梦，儿童便说出梦话来，自然那时候所讲的都是梦里的事情。有时令儿童做邮差送信，那收信的儿童，教师问其："你收到的是谁的信?"有的说收到的是爸爸的信，有的说是母亲（姆妈）的信。信里的话是什么？他们便想出种种的内容来；收信后更可以令其给爸爸、妈妈写回信。　虽然他们所说的全是假的，但在这时候谈话的范围当然以信作中心了。　有时使儿童自己编一故事，这些儿童自编的故事，常常能引起其他儿童发笑。　教师令儿童讲故事，虽甲儿所编的与乙儿不同，不过言语（谈话）的范围既以故事作标准，就会把他们自己平日的思想和过去的经验组织起来。　教师还可以用图画书、故事画给儿童看，对年幼的问其："这是什么？那是什么？"大一点的，可探问其画里的意思是什么等。　各个儿童凭着他们已有的经验来解释故事，其作用与上面所讲的一样。　举行各种会时，令儿童演说，不论游艺会、儿童节或家长会。

3.有组织的团体活动的谈话——所谓有组织的团体活动，是指作业而言，就是有一定的目的，用各种的方法，选各种的工具材料，以贯彻这目的的行动。　幼稚园课程[①]，可包括工作与游戏。　这种工作开始的时候，应有种种计划讨论。　如担任的人，事情之分配，先做什么，后做什么，要用什么材料，要用什么工具，均须一一提出讨论。　在实行的时候，或因知识缺乏、技术的不精，发生种种困难，需有教师及同学的指导。　实行以后，有得意的地方，使儿童自己解释出来，对于失败的儿童，做得不好的儿童，更可征求别的儿童的意见。

…………

（二）怎样指导儿童言语和文学的活动

1.应有一种概括的思想——因为教师有了概括的思想，对于儿童指导时，不致颠倒紊乱。

2.应有充分的准备——如述说故事方面，哪一地方是重要的，哪一地方是平淡的。　重要的地方，声音要沉重有力；平淡

---

①出处为"在幼稚园课程看来"。——作者注

的地方，在讲时可以用轻松的口气。至于材料，是否合于时代的需要，是否有积极乐观的意味，都不能不加以考虑。

3. 须有热烈谈话的兴趣——教师虽有概括的思想、充分的准备，若不喜欢对儿童讲，或讲时遇有心境的变迁，内容没有了感情，也不易使儿童喜爱听[①]。

4. 口齿须清楚，发音须和悦，声调须爽利。

5. 须有适当而自然的表情——一般以为，表情就是装手势，其实挺身、动足、眉飞、色舞，以及发音的轻重、快慢，无一不足以表示故事中之情节，尤其要者就是脸部的表情与发音的情感相一致，而且在幼稚园中用得着这类的表情格外的多。总之，教师对儿童言语与文学上的指导态度，是一种鼓励，而不是传授；是在引起儿童之需要，扩充其经验与兴趣，而不在于督责。

（三）儿童在言语和文学的活动中可希望得到的标准

小班：（1）言语和文学的范围较初入学时增大；（2）和别人交谈发生快感；（3）能使用谦虚的谈吐，如"请你""谢谢""再见"等话都会说了；（4）讲故事的时候，有时发音很高，有时很低，已能顾到了自己，尚不能顾环境的要求；（5）发生听故事、听歌及讲故事、唱儿歌之兴趣；（6）能背述故事儿歌中特别有趣味的地方。

大班：（1）渐能应用文雅的语式，如"我可不可以这样做？"（2）说话渐理会到如何可使全体听见；（3）能用言语发表自己整个的意见，能用言语指导团体之动作；（4）说故事中一长串的事情，其关系和结构都很适当；（5）除对故事儿歌发生兴趣外，且认识良好文学的程度增加；（6）对故事儿歌的发

---

①出处为"也不易使儿童动听"。——作者注

问，渐有更聪明更适当的才能。

（张雪门：《幼稚园教材研究　幼稚教育新论》，商务印书馆，2014，第 149－155 页）

游戏与音乐（节选）

游戏和工作皆为作业的活动；所谓作业，即是有目的、有计划、有实行、有结果的动作。但游戏不必如工作一定要有工具与材料，也不像工作一定要有出品；当游戏活动的时候，全神贯注，浑然忘我，和音乐的转移情绪、兴奋心弦有同样的作用；所以我们要树立儿童基本的情操，培养民族的必需人格，在幼稚园中更不得不赖于游戏与音乐。现在将游戏与音乐也分作三点来说：

（一）幼稚园儿童可能的游戏与音乐的活动

1.幼稚园适用的第一种游戏就是感官的游戏——儿童到幼稚园来的时候，其感官虽已经完备，但其敏锐和联络，实尚有待于这一时期的训练。训练最好的方法，以感官游戏为最。所谓感官，就是五官：如视官、听官、嗅官、味官和触官。对此五种感官的训练，蒙台梭利曾造出许多的教具来，但最自然最有效的，却不在于教具，而在于游戏。这些游戏的内容，按其性质分开来，大概有两类：第一类是联络多种感官的游戏。例如"我拿小球在手中"，眼睛对着地上所画的中间小圈，耳朵听着琴声，听到唱到"滚"的时候，用手的力量把球滚到小圆圈里去。在一种游戏中，包含了三种感官的联络——视官、听官和触官。……

2.第二种幼稚园可用的游戏是表演游戏——表演游戏，或用器具，或不用器具，或为个人的，或为团体的，都是把环境中所听见、所看见的各种事物，用动作表演出来的一类的游戏。团体的表演游戏，好像表演故事的剧本；单独的好像抱娃娃。 不用器具的，如同作鸟飞、马跑；若用器具的，好像建筑市场，以及娃娃的设计。 大概幼稚园小的儿童合于个人的表演游戏，至于团体的游戏非到较大的时候不可。

3. 第三种是矫正游戏——正好像从前的普通体操；培养儿童正确的姿势，使他们的筋肉有平均发展的机会。 矫正游戏可分两种：一是用机械的——如压板、秋千、摇床（船），以及各种球类的游戏，二是比较前一种较有意义，而较合于儿童的兴趣，大部为采取环境的事物，而使之我去一一模仿出来，例如：造塔、狗爬以及模仿滑冰、耕种等种种的动作。

4. 第四种是竞争游戏——竞争游戏在幼稚园里因为儿童的生理关系，不能不加以限制，其限制的标准：第一，时间要短：第二，距离要短；第三是互助不是个别。 ……

5. 第五种是猜测游戏——（1）有暗示的，如听琴寻物；（2）凭借感官作猜测的工具，如"瞎子捉人"；（3）稍用点思考的游戏，如"小孩不见了"。 这三类游戏，都是隐藏了一种东西。 小的儿童用第一类与第二类，待快毕业的时候，才能用第三类与第二类。

6. 第六种是节拍游戏——节拍游戏是一种押韵的动作。 简单的如拍掌、踏足，以适合琴声的节拍（奏）；复杂的如用全身的动作以适合琴的拍子；再复杂点的是带有跳舞的形式，如各种的土风舞；也有用各种乐器的，如铃、磬、鼓、钹，随琴声的快慢高低，奏出来一种适合的节拍。 对于这种游戏，最好重在于音乐的刺激，以唤起儿童的动作，一般专依赖教师之示范的，实已失去节拍和游戏的功能了。

7. 第七种是欣赏乐音——可分三类：

（1）听音——这是指乐音而言，非指嘈声也。 听音，简单的是听教师唱歌、弹琴；范围较广的，可听留声机所发之声音、鸟蹄声、风吹铁（玉）马声、风吹大庙所悬之铃声，以及工人吆喊的声音①。

（2）辨音——简单的，是辨别各种乐器所发之声音，如鼓、锣等之音色；儿童大一点的可使其辨别音乐所代表之情绪，如跳舞曲所代表的声音为快乐的，进行曲所代表的是雄壮的，和尚念经与赞美诗是庄严的。

（3）拟音——把带有乐音的节奏，时常供给儿童们模拟，如学猫叫、蛙鸣；复杂点的如模拟歌声，及其他一切有节奏的韵律。

8.第八种是唱歌——幼稚园的唱歌，开始时最适当的，有韵而无意义的短歌。到后来慢慢注重其内容，如叙事歌"黑夜里小小耗子来了"，此外尚有表情唱歌，用手指指指点点的表情，还有用全身动作表情的，如"卖花""卖布"，以及"老虎敲门"。

以上八种的类别，不过是为研究便利起见的分类，但那类和这类之间，在性质方面说，都有相同之点。我们注重动作的活动，活动原是整个的动作，有什么可分？

（二）怎样指导儿童游戏与音乐的活动

1.教师自身必需对游戏与音乐有相当的兴趣与修养——游戏与音乐，在一般说来，本是属于技能科的，对于技能非凭死记所能成功，须常常训练。在幼稚园内，不会弹琴的教师，虽也可借用话匣子，但这时的儿童，不但要听教师弹琴的声音，而且还要看弹琴的动作；不但要听教师唱歌的声音，而且还要看唱歌的动作。所以说一个有修养的教师比无修养而有丰富设备的教师好得多了。况且教师对此二种功课有了修养，自然发生兴趣，因为自己有兴趣，才能增进儿童的兴趣。

---

①出处为"以及工人幺喊的声音"。——作者注

2.设备丰富的环境——人类的行动，除个体内部要求之外，大半由于外部的刺激，我们若欲唤起儿童游戏与音乐，自也不得不有相当的设备。……

3.满足儿童偶发的需要——幼稚园如果有了适当的环境，自然能发生儿童的需要——不必采取形式的操练。因为这种需要是自发的，且带有情绪，教师只须满足之，扩充之，儿童自能创造各种新的动作出来的。若用固定的教材，而不顾他们偶发的需求，用操练的方式，勉强其不会而做到会，对于儿童不但无新创造的可能。且最易引起他们的反感。

4.使儿童常有自己发表，自己订正的机会——游戏与音乐是一种发表思想和感情的活动。人类无同样情感与思想，故对同一的刺激，不能发生同样的反应。儿童初进幼稚园的时候，对于这两种活动无基本的训练，教师不妨给他们几种样子，然而仍须保留其自由的机会，待他们对于这两种活动发生了兴趣，有了相当的习惯，更当注意于儿童自己的发表。儿童的自己发表，比较机械的模仿，不但较适合于他们自己的思想与情感，且可训练他们创造的能力。创造的游戏和音乐虽在表面上不如机械模仿的有规律，然而这正是他们自己订正的机会，更是训练他们思考的机会。

5.当用暗示的鼓励，不必时时加以干涉——儿童年龄小，能力也小，错误是免不了的事。若用成人的眼光，当然时常可以发现他们的错误，一错误便加以干涉，徒然使儿童增加对于这两种活动的惧怕心、厌恶心。况且在活动中间，若带了矜持的成分，一步不敢放开手去，畏头缩尾，'反更容易发生错误。教师在儿童动作错误时，最好用暗示的方法，儿童不会唱，自己先唱；儿童不会做，自己先做。教师熟练的技术以及热烈的兴趣，儿童看在眼里，自然而然能发生良好的效果，不干涉已经干涉，不矫正是已经矫正了。

6.取材宜偏重于劳动的、团体的和悲壮的——不要教训的、萎靡的内容。所谓教训的，如"客人来迎诸门要恭敬"，萎靡的如"桃花江"，这两类的内容虽不同，但皆合于成人的需要，不合于儿童的心理，出于过去残余的思想，而不适合于现在。我国现在所需要的，必须铲除国民的劣根性，培养现代的能力，那末自当注意于劳动的、团体的、悲壮的了。

（三）儿童在游戏与音乐活动中可希望得到的标准

小班——一年工夫可达之标准：（1）开始发现和别人游戏时的快感；（2）渐明白自己扮演的人物；（3）有专心听音乐的能力；（4）能用简单的动作适合于音乐的节拍；（5）唱歌听歌时发生快感；（6）认识各种音乐的调子。

大班——在毕业时可达之标准：（1）为着大家的意愿，而共同合作的组织力，及服从公意的自制力的增进（即把小我化为大我）；（2）表现故事的能力增进，且创出意见以求合于故事；（3）开始感到跳舞的形式；（4）独立地认识音乐，且能作韵律的表现——时间、疾徐、情绪形式的变换；（5）忘形于韵律反应之中；（6）能用轻松喉音发出清楚的歌词；（7）能用乐器正确配音。

（张雪门：《幼稚园教材研究　幼稚教育新论》，商务印书馆，2014，第155-161页）

今后的教师（节选）

那末，今后教师，究竟应该担负怎样的责任呢？

教师的第一责任，当然是教育为自己工作对象的儿童。然而这类儿童在社会上究占哪一部分呢？健全的社会当建筑在最大多数民众的身上；离开了民众，替少数人来办教育，这不过为少数人锦上添花，使少数人更可以有优游的时光去享受过度的舒服。 而且这样教育的结果，是加紧地促成少数人的社会，这是少数人来支配大多数的人，从大多数人身上剥削了去，以维持少数人的光荣。 教师如果真认清了社会，当知道我国现社会这一阶段中，除去了军阀政客和买办阶级以及竭力向这类阶级爬上去的少数人以外，全是劳苦的大众了。 教师抱着改造民族建设社会的思想，若对于自己工作对象不分别清楚，就冒昧地去负责任，久而久之，必致模糊了自己本来的意识，跟着封建和买办势力移转，反演成了"助纣为虐"；否则，你若教他们"打倒帝国主义"，他们说你是不安分的恨人教育；你若教他们劳动生产，他们却要求你教读死书，那末这一种教育是于他们的生活无关，终致于这一种教育在他们的身上是不能兑现的票子。 所以今后的教师，第一应负的责任，是在于教养大众的儿童。

教师担任大众儿童的教育，却需要相当的同志。 同志，在现在这样复杂的社会中，是一件不容易物色的事情。 与其大海里面去捞金，不如自铸模型。 供给模型里必需的材料，不是现在一般师范学校里的学生。 因为这类学生一部分自身便不是劳苦的大众，个人所抱的志愿，即使愿意苦干，也不过为着吃尽"苦中苦"，以达到做"人上人"的目的，而家庭里对于他们的期求，更是愿他们早早地毕业出来，快快地替家庭扩充经济。就是从劳苦大众出身的学生，好容易考上了师范学校，都像前清时候中了举人，难道还肯回头仍旧去做老百姓吗？ 再加学校里传统的教育，什么抽考、会考，又像煞前清的科举一样，更和民众的要求南辕而北辙。 所以从这类人才中，不容易培养同志；培养同志，须从就地劳苦大众的有为青年中，加以和上三段相同的（介绍、实验、评价）训练。 经过一个相当时期以后，劳苦大众中便会有人才出来主办这份事业了。 此外，更可培养年龄较长的儿童，做年小儿童的伴侣。　因为前者了解大众生活的困难与要求，解决困难的意识都比普通人深切；后者了解幼儿的生活以及尽力而为的精神又比成人彻底，而且更没有成人的势利眼光。　所以今后的教师，第二种应负的责任，是在于培养为大众儿童担任教育的同志。

教师有了认识，有了准备，再担上上两种工作，最大的限度，仅能做到个人的行动有了正当的鹄的，而不足以影响全社会的建设，所以更须有一种严密的组织。　所谓组织，就是将意识相同或接近的教师们组成一个集团而形成一种"力"。　在目下，组织不必一定有固定的方式，在于组织者善于利用环境。但组织者本身与组织本身都须继续缜密提防两种流弊。　就组织者本身说，他须绝对地认识自己不过是大众之一，对连自己在内的大众福利，提供助力；他决不是出于浪漫的英雄思想，或悯世的救世主思想，而将其余的人们视为随从或门徒。　就组织本身说，它须绝对地提防本组织里重要分子的变节或出卖。　在目下，教师的出身不同，意识多不易坚定，在这组织形成一种力量时，出卖与变节都是可能的事，所以组织须有相当的纪律与裁制。

教育的力量，在现代，是有一定限度的；单依教师集团的单独力量来建设新社会，这又陷于"教育改造社会"的浅薄观念。但教师如果仅徘徊于认识、介绍、实验、评价、培养同志和组织同志的工作，而没有再进一步的表示，是不足以承担推动历史的重要使命的。　所以，最后教师必须应用自己集团的力量，参加到其他的组织中去，不要拘于现在所见所处的那样狭小的天地，要自认自己是通文化与民众之间的一条大路。　今后的学校也不应仅仅是儿童们的学校，更不应是闲人莫入的学校，而应为当地文化的中心，为当地民众解决困难吸取需要的源泉。　它要做扫除文盲运动，它要做民众政治训练运动；它将是破除迷信的大本营，它将是民众娱乐及民众集合的大会场。 所以今后的教师当是民族改造的先锋，而学校是社会建设的灯塔。 当然，这一种严重的使命，必须经过无数次的困难奋斗，才有成效可以获得，但为了困难而就畏缩，岂是我们觉悟的教师所应有的态度？！时势的逼迫已经如是，灭亡或翻身全在于今日，有为的教师们！起来罢！ 快起来担负这历史所给予我们的庄严使命！

（张雪门：《幼稚园教材研究　幼稚教育新论》，商务印书馆，2014，第 172 - 174 页）

五、蔡元培

(一)简介

蔡元培(1868－1940),浙江绍兴人, 祖籍浙江诸暨,著名教育家、革命家、政治家。 他的教育模式新颖,不拘一格,认为教育是国家兴旺之根本,是国家富强之根基;他的教育思想灵活,兼容并包,广泛吸收各家所长。 "教育者,养成人格之事业也。"他主张教育应注重学生,反对呆板僵化。 他还提倡美育、健康教育、人格教育等新的教育观念。 主要教育论著被汇编为《蔡元培美育论集》与《蔡元培教育论集》。

(二)名言

1.所谓健全的人格,内分四育,即(一)体育、(二)智育、(三)德育、(四)美育。 这四育是一样重要,不可放松一项的。

(单中惠主编《世界教育箴言》,上海交通大学出版社,2016,第30页)

2.因而知教育者,与其守成法,毋宁尚自然;与其求划一,毋宁展个性。

(单中惠主编《世界教育箴言》,上海交通大学出版社,2016,第77页)

3.教书,并不是像注水入瓶一样,注满了就算完事。 最重要的是引起学生读书的趣味,做教员的,不可一句一句,或一字一字的,都讲给学生听。 最好使学生自己去研究,教员竟不讲也可以,等到学生实在不能用自己的力量理解功课时,才去帮助他。

(单中惠主编《世界教育箴言》,上海交通大学出版社,2016,第129页)

5.美育者，应用美学之理论于教育，以陶养感情为目的者也。 人生不外乎意志；人与人相互关系，莫大乎行为；故教育之目的，在使人人有适当之行为，即以德育为中心是也。

（高平叔编《蔡元培教育论著选》，人民教育出版社，2017，第608页）

（三）名篇

《一九〇〇年以来教育之进步》（节选）

（1915年）

幼稚园教育　幼稚教育之扩充

自来言教育者，莫不以家庭教育为重大问题。 然求之实际，往往不逮所望：为父母者未必解教育之理，一也；囿于职务而无暇为教育子女之准备，二也；家庭之习惯，在成人行所无事，而或有害于儿童之心理，三也。 自物质文明之发展，生存竞争之增剧，而家庭教育之实行，益多障害。 富者以图逸乐、逐酬应之故，而委其子女于保姆。 贫者以谋生计、操家政之故，而放任子女于自由。 是以有幼稚园之教育。 且创立之始，大抵为三岁以上之儿童而设，而今则大都会兼为一岁以上之儿童设之，其为鉴于家庭教育之不可能，而以是补充之，彰然可见也。

虽然，中国古语有云：教子婴孩。 未及一岁之儿童，果可于其体育、德育之事，一不措意乎？ 且中国古代，尝有胎教之制。 汉儒刘向（西历前一世纪人）于所作《列女传》中，言之曰：古者，妇人妊子，寝不侧，坐不边，立不跸，食不邪味，割不正不食，席不正不坐，目不视于邪色，耳不听于淫声，夜则令瞽诵诗，道正事。 如此，则生子形容端正，才必过人矣。 又言：周文王之母大任（西历前十三纪顷）有娠，目不视恶色，耳不听淫声，口不出恶言，能以胎教。 夫人类遗传之规则，胎儿灵性之有无，在今日虽尚为聚讼之问题，然孕妇之疾病、羸弱与夫非常之激动，不能不影响于胎儿，为生理上所可信；体魄与心灵有密切之关系，又为近世所公认者；然则胎教之说，当亦不无假定之价值也。 于是由幼稚园之命意而推究之，见有不可不扩充者二：

一曰，未及一岁婴儿之保育所。 凡此等婴儿之生而无母或其母有故不能自育者，以曾受特别教育之保姆育之，所不待言；即有母而且能自育者，亦得携儿而来，于适宜之建筑，循普通之规则，而无以生计家政之属分其心。

二曰，孕妇摄养所。 其建筑，其陈设，其间起居、饮食之规则，劳逸之条件，所展览之图书，皆参合卫生术、美学、教育学之原理而规定之。 凡孕妇皆得居焉。 其贫者且得以公费协助其生计焉。

斯二者，在殷实之都市，力足以创举之，使教育家得缘是而增一种之实验。 验之而有益，则他日以渐推广，或如今日之幼稚园，未可知也。

蔡元培手稿

（高平叔编《蔡元培教育论著选》，人民教育出版社，2017，第48-49页）

就任北京大学校长之演说

（1917年1月9日）

五年前，严几道先生为本校校长时，余方服务教育部，开学日曾有所贡献于同校。 诸君多自预科毕业而来，想必闻知。 士别三日，刮目相见，况时阅数载，诸君较昔当必为长足之进步矣。予今长斯校，请更以三事为诸君告。

一曰，抱定宗旨。诸君来此求学，必有一定宗旨，欲求宗旨之正大与否，必先知大学之性质。今人肄业专门学校，学成任事，此固势所必然。而在大学则不然，大学者，研究高深学问者也。外人每指摘本校之腐败，以求学于此者，皆有做官发财思想，故毕业预科者，多入法科，入文科者甚少，入理科者尤少，盖以法科为干禄之终南捷径也。因做官心热，对于教员，则不问其学问之浅深，惟问其官阶之大小。官阶大者，特别欢迎，盖为将来毕业有人提携也。现在我国精于政法者，多入政界，专任教授者甚少，故聘请教员，不得不聘请兼职之人，亦属不得已之举。究之外人指摘之当否，姑不具论，然弭谤莫如自修，人讥我腐败，而我不腐败，问心无愧，于我何损？果欲达其做官发财之目的，则北京不少专门学校，入法科者尽可肄业法律学堂，入商科者亦可投考商业学校，又何必来此大学？所以诸君须抱定宗旨，为求学而来。入法科者，非为做官；入商科者，非为致富。宗旨既定，自趋正轨。诸君肄业于此，或三年，或四年，时间不为不多，苟能爱惜分阴，孜孜求学，则其造诣，容有底止。若徒志在做官发财，宗旨既乖，趋向自异，平时则放荡冶游，考试则熟读讲义，不问学问之有无，惟争分数之多寡；试验既终，书籍束之高阁，毫不过问，敷衍三四年，潦草塞责，文凭到手，即可借此活动于社会，岂非与求学初衷大相背驰乎？光阴虚度，学问毫无，是自误也。且辛亥之役，吾人之所以革命，因清廷官吏之腐败。即在今日，吾人对于当轴多不满意，亦以其道德沦丧。今诸君苟不于此时植其基，勤其学，则将来万一因生计所迫，出而任事，担任讲席，则必贻误学生；置身政界，则必贻误国家。是误人也。误己误人，又岂本心所愿乎？故宗旨不可以不正大。此余所希望于诸君者一也。

二曰，砥砺德行。方今风俗日偷，道德沦丧，北京社会，尤为恶劣：败德毁行之事，触目皆是，非根基深固，鲜不为流俗所染。诸君肄业大学，当能束身自爱。然国家之兴替，视风俗之厚薄。流俗如此，前途何堪设想？故必有卓绝之士，以身作则，力矫颓俗。诸君为大学学生，地位甚高，肩此重任，责无旁贷，故诸君不惟思所以感己，更必有以励人。苟德之不修，学之不讲，同乎流俗，合乎污世，己且为人轻侮，更何足以感人？然诸君终日伏首案前，营营攻苦，毫无娱乐之事，必感身体上之苦痛。为诸君计，莫如以正当之娱乐，易不正当之娱乐，庶于道德无亏，而于身体有益。诸君入分科时，曾填写愿书，遵守本校规则，苟中道而违之，岂非与原始之意相反乎？故品行不可以不谨严。此余所希望于诸君者二也。

三曰敬爱师友。教员之教授，职员之任务，皆以图诸君求学便利，诸君能无动于衷乎？自应以诚相待，敬礼有加。至于同学共处一堂，尤应互相亲爱，庶可收切磋之效。不惟开诚布公，更宜道义相劝，盖同处此校，毁誉共之。同学中苟道德有亏，行有不正，为社会所訾詈，己虽规行矩步，亦莫能辩，此所以必互相劝勉也。余在德国，每至店肆购买物品，店主殷勤款待，付价接物，互相称谢，此虽小节，然亦交际所必需，常人如此，况堂堂大学生乎？对于师友之敬爱，此余所希望于诸君者三也。

余到校视事仅数日，校事多未详悉，兹所计划者二事：一曰改良讲义。诸君既研究高深学问，自与中学、高等不同，不惟恃教员讲授，尤赖一己潜修。以后所印讲义，只列纲要，细微末节，以及精旨奥义，或讲师口授，或自行参考，以期学有心得，能裨实用。二曰添购书籍。本校图书馆书籍虽多，新出者甚少，苟不广为购办，必不足供学生之参考。刻拟筹集款项，多购新书，将来典籍满架，自可旁稽博采，无虞缺乏。今日所与诸君陈说者只此，以后会晤日长，随时再为商榷可也。

《东方杂志》第 14 卷第 4 号（1917 年 4 月 15 日出版）

（高平叔编《蔡元培教育论著选》，人民教育出版社，2017，第 75 - 77 页）

对学生的希望（节选）

（1920 年 10 月 28 日）

我于贵省学生界情形不甚熟悉。我所知者为北京学生界情形，各地想也大同小异。今天到此和诸君说话，便以我所知之情形，加以推想，贡献诸君。

五四运动以来，全国学生界空气为之一变。许多新现象，新觉悟，都于五四以后发生，举其大者，共得四端。

一、自己尊重自己

吾国办学二十年，犹是从前之科举思想，熬上几个年头，得到文凭一纸，实是从前学生的普通目的。自己的成绩好不好，毕业后中用不中用，一概不问。平时荒嬉既多，一临考试，或抄袭课本，或打听题目，或请划范围，目的只图敷衍，骗到一张证书而已，全不打算自己要做一个什么样人，自己和人类社会有何关系。五四以前之学生情形，恐怕有大多数是这样的。

五四以后不同了。原来五四运动也是社会的各方面酝酿出来的。政治太腐败，社会太龌龊，学生天良未泯，便不答应这种腐败的政治、龌龊的社会，蓄之已久，迸发一朝，于是乎有五四运动。从前的社会很看不起学生，自有此运动，社会便重视学生了。学生亦顿然了解自己的责任，知道自己在人类社会占何种位置，因而觉得自身应该尊重，于现在及将来应如何打算，一变前此荒嬉暴弃的习惯，而发生一种向前进取、开拓自己运命的心。

二、化孤独为共同

"各人自扫门前雪，不管他人瓦上霜"，是中国人的座右铭，也就是从前学生界的座右铭。 从前的学生，于自己以外，大半是一概不管，纯守一种独善其身的主义。 五四运动而后，自己与社会发生了交涉，同学彼此间也常须互助，知道单是自己好，单是自己有学问、有思想不行。 如想做事真要成功，目的真要达到，非将学问、思想推及于自己以外的人不可。 于是同志之连络，平民之讲演，社会各方面之诱掖指导，均为最切要的事。 化孤独的生活为共同的生活，实是五四以后学生界的一个新觉悟。

三、对自己学问能力的切实了解

从前学生，对于自己的学问，有用无用，自己的能力，哪处是长，哪处是短，简直不甚了解，不及自觉。 五四以后，自己经过了种种困难，于组织上、协同上、应付上，以自己的学问和能力，向新旧社会做了一变〔番〕之试验，顿然觉悟到自己学问不够，能力有限，于是一改从前滞钝昏沉的习惯，变为随时留心、遇事注意的习惯，家庭啦，社会啦，国家啦，世界啦，都变为充实自己学问发展自己能力的材料。 这种新觉悟，也是五四以后才有。

…………

以上是吾所希望于学生界之有第一种觉悟。 以下，再说吾所希望于学生界之有第二种觉悟。 于此又分五端。

（一）自动的求学

在学校，不能单靠教科书和教习。 课堂功课固然要紧，自动自习，随时注意，自己发见求学的门径和学问的兴趣，更为要紧。

（二）自己料理自己的行为

学生对于社会，应知系处于指导的地位，故自己的行为，必方好生料理。 有些学生不喜教职员管理，自己却一意放纵，做出种种坏行。 我意不要人家管理，能够自治，是好的；不要管理，自便放纵，是不好的。 管理规则、教室规则等可以不要，但要能够自守秩序，总要办到不要规则而其收效仍如有规则时或且过之才好。 平民主义不是不守秩序。 罗素是主张自由最力的人，〈也说〉自由与秩序并不相妨。 我意最好由学生自定规则，自己遵守。

（三）平等及劳动的观念

和〔我〕友某君曾说："学生倡言要与教职员平等，但其使令工役，疾言厉色，又俨然以主人自居，以奴隶待人。"我友之言，系指从前的学生。 我意学生要与工役及其他知识低于自己的人讲求平等，然后遇教职员之以不平等待己者，可以不答应他。 近人盛倡勤工俭学，主张一边读书，一边做工。 我意校中工作，可以学生自为。 成天读书，于卫生上也有妨碍。 凡吃饭不做事专门暴殄天物的人，是吾们所最反对的。 脱尔斯太①主张从〔泛〕劳动主义，他自制衣履，自作农工，反对太严格的分工。 吾愿学生于此加以注意。

（四）注意美的享乐

近来学生多有为麻雀、扑克或阅恶劣小说等不正当之消遣。此固原因于其人之不悦学，尤以社会及学校无正当之消遣为主要原因。 甚有生趣索然，意兴无聊，因而自杀者。 所以吾人急应提倡美育，使人生美化，使人的性灵寄记〔托〕于美，而将忧患忘却。 于学校中可实现者，如音乐、图画、旅行、游戏、演剧等，均可去做，以之代替不好的消遣。 但切不要拘泥，只随人意兴所到，适情便可。 如音乐一项，笛子、胡琴都可。 大家看看文学

---

①脱尔斯太：通译托尔斯泰。

书，唱唱诗歌，也可以悦性怡情。惟单独没有兴会，总要有几个人以上共同享乐。学校中要常有此种娱乐的组织。有此种组织，感情可以调和，同学间不好的意见和争执，也要少些了。人是感情的动物，感情要好好涵养之，使活泼而有生趣。

（五）社会服务

社会一般的知识程度不进，各种事业的设施，均感痛苦。五四以来，学生多组织市〔平〕民学校，教失学的人以普通知识及职业，是一件极好的事。吾见北京每一校有二三百人者，有千人者，甚可乐观。国家办教育，人才与财力均难；平民学校不费特别的人才与财力，而可大收教育之效，故是一件很好的事。又有平民讲演，用讲演的形式与平民以知识，也是一件好事。又调查社会情形，甚为要紧。吾国没有统计，以致诸事无从根据计画。要讲平民主义，要有真正的群众运动，宜从各种细小的调查做起。此次北方旱灾，受饥之民，至三千多万，赈灾筹款，须求所以引起各方的同情，北京学生联合会乃思得一法，即调查各地灾状，用文字或照片描绘各种灾情，发表于世，乃能引起同情。吾出京时，正值学生分组出发，十人一组。即此一宗，可见调查之关系重要。

以上各端，是吾一时想及，陈述出来，希望学生诸君留意。

……………

长沙《大公报》（1920 年 10 月 30、31 日，11 月 3、5、6 日）

（高平叔编《蔡元培教育论著选》，人民教育出版社，2017，第 296 - 300 页）

知识问题——在檀香山中国学生会演说词

(1921 年 8 月 23 日)

人之求知识，与生理上之求营养相等。营养者，凭旧有之机体，吸收新养料而消化之，以增加体力，可以作工。非如瓶碟之类，任意装入食物也。人体不同，营养料不能完全相同。个人特性不同，教育者所授与之知识，亦决不能完全相同。现在美国最通行之"知慧测量"法，若能用之极精，即可以决定选择知识之方法。最要者，不可凭一时政党之政策，或一种宗教家之主义为标准而选定之。如德国主张军国主义。旧日教育，在与普通人以一种零星之知识，造成国民为政府应用之器具；不与以综合之观念，是政治家利用之弊。

中国古代对于"知识"的观念，与"记忆"相似。所以用一个"知"字，与认识朋友之意相同。又用一个"识"字，与记得的识字相同。后来有人说：人心同明镜，如不受尘染，一遇外物，自然知其是非真伪。此是两种极端之说，一是偏重经验，一是重本能，现在采用折中说，就是认知识是凭着本有的能力，以同化作用，吸收新材料，组成统一的知识。

蔡元培手稿

（高平叔编《蔡元培教育论著选》，人民教育出版社，2017，第368页）

在晓庄师范学校演说词

今天承陶校长及诸位同学欢迎，感激得很！前次诸位要我到此地来演讲，后来因为事务繁忙，致未果行，非常抱歉。我对于现在，真是挂着一个空的董事长的牌子，因为第一件，此地校里很重要的原则，教法、学法、做法合一，我就没有做到。不过我极相信此法是有至理，而且是很自然的。比如雏燕的能够飞，一方面老燕子要教雏燕飞，雏燕看见老燕的怎样飞法，于是就效着做同样的飞法，终于雏燕亦能飞了。 在这一件很小的事内，就可以看出教、学、做是应当合一的。 又如小猫要学大猫捕鼠，大猫一定要做捕鼠的姿势给小猫看，这也是寓有教、学、做应当合一的原理在里边。 我们小的时候，说话、跑路和其他做的事情，父母并不是认真的要来教我们做，把说话和跑路当作一种功课，不过因为有父母在旁边说话、跑路，我们就在自然而然的中间受父母的暗示，同化而学会了。 这也可以知道教、学、做是应当合一的。

中国学校开创得最早，在舜的时候，已经有学校了。 不过从前的私塾学校里所教的是些四书五经，和家庭的生活实在是格格不相入的。 这种便是以前私塾的坏处。 诸位现在在此所读的书，都是以每月的生活为根据的，这种制度实是现代教育方法中最好的一种。 当我出洋到德国的时候，杜威先生恰在芝加哥开办一个学校，这个学校一切功课，也是根据于实际生活的，从实际生活上讲到世界一切的学问。 我的小儿进了法国的一个农业学校。 平常的农业学校，都是空口讲而不实习的。 但该校却和普通的不同，该校学生都能穿木头的鞋子，能够锄地挑粪。小儿在该校毕业出来时，身体比从前好得多了，头脑里关于从前给习惯所熏染成的一切不平等思想也都除掉了。 于此可见，教、学、做合一是很有功效的，不过我在当时是很觉得，而没有将他结合成教、学、做合一的思想。

中国目下最重要的问题，便是经济了。 我们睁眼一看，便看见许多不做工、不劳力的，所享的权利反多；终年劳动者所享反少。 所以现在的理想，对于农人，便须耕者有其田，那便可减少许多关于田主与佃户间的纠纷与不平等。 对于工厂、商店，现在都是厂主与店主得利多，而厂工与店伙得利少，这也是一种不平等的事。 我们以后须使工人自己做工厂的股东，把工人与厂主打成一片，分不出一点不平等的痕迹来，商店也是如此。

中国农人占全国国民总数的最多数，所以我们现在要想改良一切制度，都应当在农人的头上做起。 现在诸位到此，都抱有大志研究乡村教育，这是我所非常赞同的。 不过我不能和诸位共同生活，我是很抱歉的。 但我在旁边总当极力帮助诸位成功，敬祝诸位努力。

程本海《在晓庄》（中华书局 1930 年出版）

（高平叔编《蔡元培教育论著选》，人民教育出版社，2017，第 550 - 551 页）

中华慈幼协会六周年纪念会演说词

（1935 年 1 月 26 日）

古人说："敬老慈幼。"又说："老者安之，朋友信之，少者怀之。"或对两方面说话，或对三方面说话；而我等特别注重慈幼，何故？ 人生少、壮、老三段，可以代表过去、现在、未来。 老年是已经尽过义务而将要退休的，可代表过去；壮年是正在负责任的时期，可代表现在；幼年是预备担当将来的事业的，可代表将来。

文化较低的民族，往往知有现在，不顾将来；文化渐进，则预计将来的思想，益益发达。 古人说："一年之计树谷，十年之计树木，百年之计树人。"三句都是为将来预备的计划，所计愈久，所得愈多。 我们家乡有一句骂人的话，说是"吃子孙饭"，是说此人作恶多端，使子孙不能在社会立足，就是他把子孙要吃的饭，都吃尽无余，就是牺牲将来以快现在，如蛮横的结怨、荒唐的负债，都属于此一类。 反之，牺牲现在以利将来，以父母之于子女为最真切。 若能"幼吾人之幼以及人之幼"，则一切儿童，都得以子女视之。

我记得民国九年曾到维也纳，尔时大战初停，奥国人的经济非常困难，维也纳设有育婴堂多处，均由美国人捐款设立；市中牛乳，须先尽育婴应用，如有余，始送给普通人。可以见慈幼之重要。

至于慈幼事业，自然以养与教为最要。养之为道，须依据卫生原则，食物的种类与分量，衣服的厚薄与宽紧，运动与睡眠的调剂，都不可以溺爱之故而有所偏重，尤不可以烦忙之故而掉以轻心，对于家中之子女固然，对于育婴堂、托儿所等等之儿童亦然。至于教，则未及学龄儿童，当然不能入学校，或且不能入幼稚园，所受教育，全是家庭之父、母、兄、姊与公共机关之保姆，而时时接触之人物，亦均为其师保，均当以身作则，无疾言遽色，无粗暴之举动，养成慈祥恺悌之习惯；其他体育、智育，均当按其年龄而施之。

本会对于儿童，虽未能一一与之接近，然对于负保育儿童责任之个人或团体，时时予以辅助，间接的尽对于将来之责任，亦聊以慰吾人幼幼之本心云尔。

蔡元培手稿

（高平叔主编《蔡元培教育论著选》，人民教育出版社，2017，第 700－701 页）

我们希望的浙江青年

（1935 年 1 月）

我们希望浙江青年：

一、健强的体格

健全的精神，宿于健全的身体，这话谁都得承认。中国的文人，素以文弱相传，遂成老大民族；近年虽颇注意运动，不偏于训练选手，流为锦标的奴隶，则失之专事角逐，荒懈宝贵的学业。这种畸形现象，与提倡体育的意义，实大相背谬。青年们！起来吧！养成体育的习惯，锻炼健全的身手，自小学以至大学，无日不参加体育活动，以养成坚实的体力，去运用思想，创造事业。

二、研究的精神

民族的生存，是以学术做基础的。一个民族或国家的兴衰，先看他们民族或国家的文化与学术；学术昌明的国家，没有不强盛的，文化幼稚的民族，没有不贫弱的。青年们既要负起民族的责任，先得负起学术的责任，学术责任将怎样负起？最重要的，是要精研学理，对于社会国家人类有最有价值的贡献。我们知道二十世纪的竞争，是学术的比赛，试问我们中国在现代的学术上有什么贡献呢？我们凭什么去同别人争长比短？如果我们要想挽救我们垂危的局面，恢复我们固有的光荣，惟有从学术方面努力研究。

三、美术的陶冶

我们不能有张而没有弛，就不能有工作而没有娱乐，也就不能有科学与工艺而没有美术。青年们！如果领略高尚的音乐，听到靡靡之音，就觉得逆耳了；能了解纯洁的雕刻与图画，见到肉感的电影，就觉得污目了；能景仰崇闳的建筑、幽雅的园林，遇到混乱的跳舞场，就觉得不堪涉足了；能玩味真正的文学，翻到猥鄙的作品，就觉得不能卒读了。

一方面在知识及技能上有科学的基础，一方面在感情上有美术的熏习，以这种健全的精神，宿在健全的身体，真是健全的青年了！

《浙江青年》月刊第1卷第2期（1935年1月出版）

（高平叔编《蔡元培教育论著选》，人民教育出版社，2017，第702-703页）

六、杨贤江

(一)简介

杨贤江（1895—1931），浙江余姚（今浙江慈溪）人，马克思主义教育理论家。 主要著作有《教育史 ABC》和《新教育大纲》。

(二)名言

1.故学生求学，亟应转易其道，认定读书以实地受用为贵，不以记诵章句为能。

（中央教育科学研究所、厦门大学编《杨贤江教育文集》，教育科学出版社，1982，第 24 页）

2.我以为中国青年对于体育应有的目标是：体格强壮，忍劳耐苦，精神充足，办事敏捷；并能使人感到愉快而有奋发敢为的气概。

（中央教育科学研究所、厦门大学编《杨贤江教育文集》，教育科学出版社，1982，第 161 页）

3.现代青年所当养成的道德，应该是刚健的、质直的、活泼的、负责的、反抗的、为群众幸福的、做实际动作的，不应该是斯文的、客气的、拘迟的、敷衍的、驯服的、为个人私利的、讲性灵涵养的。

（中央教育科学研究所、厦门大学编《杨贤江教育文集》，教育科学出版社，1982，第 190 页）

（三）名篇

自学的成功（节选）

一、自学为学问、技术成功的利器

近来教育上有一个新名词叫做自学。 就是说儿童对于一切功课，要由自己的努力去学习，去考查，去试验；做教师的不过立在一个辅导的地位，指示儿童以进行的方向和进行的方法罢了。 实际上要达到那个方向，要实行那个方法，还须儿童自己去做，是决不能由教师代劳的。

实在这种学说，虽属近代所新创，但若我们放开眼光，一观古来在学问上、技术上成功立业的人，哪一个不是由自己的努力造出来的？ 就是资禀特异的天才，虽说是比常人聪明得多；但他能够发现他所特具的才能，不致埋没，也不致妄耗，仍旧是靠他后生的勤劳过人。 不过他那种的勤劳工夫，也是非常人能够做到的。 这个就叫做"热中"，真是用"狮子搏兔"的全副精力，一气呵成的。 近代大发明家爱迪生，就是这样一个"热中"的天才。

原来世界上学艺的路程，是没有止限的。 一个人要能和新学说新艺术时相接触，不做个"时代落伍"者，就要常常用他锐敏的眼光，活泼的精神，去吸收，去融合；自己对于新文化也可以有些贡献；这就要用着自学的功夫了。 因为人不能一生专受他力的教育，即使做得到，也不过是外面注入的货色；自己没有消化的力量，还是没有用处。 所以在学校求学的时候，固然要自学，就是出校以后，仍当自动的去学习一切新的学问和技术，不然，那个人便会从此停顿，不能再长进了。

关于自学的必要，教育学书里以及本志从前的论文，都有说明。 我可以不要详述。 以下要说的，是我近日对于自学方面有些新的感触，故特写出来以告读者。

　　二、自学成功的要素

　　自学不是空口说说就会成功的。 我近来详细考察，自学要成功，必得有三个条件。 就是：

　　第一对所学习的功课一定是要适于自己的兴趣的。 就是学习无论什么东西，总要有趣味，方才学习有效。 学校里规定的功课，有几种必定对于某某学生是没有趣味的；既然没有趣味，纵使勉强去学，也是徒劳无功的。 因为我们所以肯用全力去对付的，一定是那个对象，能适合我的天性，或是诱起的天性，使我能自愿的自动的去学习它。 所以有的人喜欢看小说，有的人喜欢看科学书，有的人喜欢做诗，有的人喜欢学画，这都因为各个人有各个的嗜好，各个的倾向。 进化原则，终是循着抵抗最少的一条路上走。 凡人学习能配合他的兴趣的，这是合著这条进化原则，所以容易成功。

　　第二学习要专注。 这就是单轨意志。 现在读这本书，若还没有读完，没有理解，终不要丢了去看别册书。 ……我意是说学习的时候，总要用专心一志的工夫做去，不要见异思迁，不要有始无终；不做则已，既做必求有成效。 这是学习最经济的方法。

　　真的研究学术，实非短时间内所能见效。 一定要忍性耐心，茹辛含苦，用坚决的意志、全副的精神做"扎硬寨打死仗"的功夫。 所以积极方面要有远大的眼光，永久的计划，消极方面，要"毋欲速"，"不安于小成"。 才着手即希望见效，不见效即弃而不顾，这样的学习，何能有精深博大的成就啊！

　　总之专心和有恒是自学成功的两个关键。 不专是"浮光掠影"，无恒是"浅尝辄止"，结果便是耗费精力，阻止进步。

　　第三学习要自信。 就是自己相信我所选定的学习的功课，一定可以成功。 自然这个自信，不是妄想，也不是侥幸，是要有恰当的方法，做切实的工夫。 倘使中途遇着阻碍，更要考察阻碍所在，设法解决，或改换进行方法，以求接近目的。 这样"畏难而退""功亏一篑"的弊端，自可不生，不过这所说的，是就那个人有学习这些功课的能力而言。 若为天资所限，希望勉强成就，那是不可能的事。 好在近代实验心理学进步，用智慧测量法可以测定一个人的才能有何种程度。 依据测量的结果，驽钝的自可免去白费精力的弊病，改就适可的职业。 才能高的，自可尽量发达，只要方法不错，自信力强，终能成功。

三、助自学实现的机缘

自学能不能实现，亦难一概论定。 依我看还要有一种助力，就是得着机缘的，可以实现；得不着机缘的，不能实现。 依我的经验，及和友人讨论所得，足以助自学实现的机缘，有下列三种：

（一）教师的诱掖指导。"循循善诱"这句话，真是教学法上很有价值的方法。 有的人并非不能学，只是没有人先来启发他，因此终于不能学到很多。 一个人有许多本能，有些本能不利于人群生活的要设法消灭；有些本能有利于人群生活的就要设法发展。 譬如草木，具有生长发达的能力，但若不得适当的阳光雨露来滋养助长，也将终于菱枯。 所以做教师的能够考察各个学生的天性特长，引导他到有益的一条路上去尽量发展，然后用学生自动的能力，来谋学业的精进，这实在是教师莫大的天职。 学生既于不知不觉中受着教师引导的影响，自然会自己用力。 于是自学的工夫就开始了。

（二）同辈的观摩刺激。 这是利用人的竞争冲动和模仿性。 因为人都好胜，都想超出他人，所以大家聚集起来做一件事，或者作一篇文，个个人心里都望自己得较多的成绩。 固然也有一类人对于某种功课很不想占优胜，——譬如国文——这或者是因为这门功课本来不合于他的趣味，所以他就冷淡起来；但假使他是喜欢运动的，他觉得运动是最配合他的自然倾向的，那么一定在运动场上要卖些力气了。决没有一个人对于无论什么东西，不想自己比他人较好一点的。不过种类上分量上生些差别，或行为上有些显隐罢了。所以同辈的观摩刺激，也是助自学实现的一个机缘。

（三）环境的诱起兴趣。上面说过兴趣是自学成功的要素的一种。所以设有一个环境，能够引起一个人的兴趣，则虽不得上述两种的机缘，也能实现自学的事实。譬如汉代的匡衡，本是一个牧猪儿，但因为邻近有个书塾，就诱起他读书的兴趣，终能成就一个有名的人。所以社会上如有图书馆、博物院、美术陈列所、公众运动场以及别种利于人群的机关和设备，对于个人自学的实现，至少总有些助力。

《学生杂志》第 7 卷第 12 号（1920 年 12 月）

（中央教育科学研究所、厦门大学编《杨贤江教育文集》，教育科学出版社，1982，第 27 - 30 页）

美育的价值（节选）

美育的意义是什么？我们简单解释起来，可以说是美的陶冶，审美心的养成。爱好美、识别美，这是美的欣赏力。创作美、设计美，这是美的发动力。美育所要陶冶的能力，就指这两种而言。

在西洋古代希腊的教育上，很重视美的价值。他们教育的理想，就在乎调和身心的美的发达。近世新人文主义者席勒更视美为包括真与善的广泛的概念。这是美育万能论的一派。

中世纪时，基督教势力深入人心，以禁欲崇神为生活基础，所以美育大受挫折。文艺复兴后，虽稍被重视，但到了十八世纪启蒙时代以后，更受世人的轻蔑。像斯宾塞就是低看美育的人。这是美育反对论的一派。

据我看：象前派以美育为万能的，固然未免失于过分的重视；但象后派以美育为一无价值，当然也有不是的地方。所以我要在这里约略说明美育的价值，且分作四方面来说：

（一）从道德上看：一个人有了高尚的审美心，足以使志趣纯洁，品格优美；自然他的道德力也增高了。

（二）从人生目的上看：真、善、美的自身，都是同等的为社会文化而为我们心身所要求的，所以"美"自有它独立存在的价值，决不是为了别种方便才有价值。它的价值，就在使我们能脱离现实社会的束缚，另在一个理想的境地得著喜悦，以扩大人生的活动。

（三）从美术上看：由美育而发达的一般美术思想，自能帮助美术品的创作，因此发生上述的价值。

（四）从经济上看：美的生产品的销路很大，于经济上的利益自必很多。

《学生杂志》第8卷第5号（1921年5月）

（中央教育科学研究所、厦门大学编《杨贤江教育文集》，教育科学出版社，1982，第40-41页）

青年的大敌

什么是青年的大敌？我告诉你：顽固头脑是一个。时髦朋友是一个。颓唐习气是一个。厌世思想是一个。

"吃得苦中苦，方为人上人。"抱着这种观念去拼命读书，死心当差的，便是顽固头脑的俘虏。

"汽车、洋房、俱乐部、大菜间、打弹、跳舞、留学生、资本家。"满头满脑的铜臭和泥土气，只配做个时髦朋友的奴隶。

"诗、异性、烦闷、任情、目空一切。"古之名士，今之浪漫派。 意气颓唐，活像个半死人。

"离家、弃学、做和尚、得过且过。"这种不想想自己靠什么生存，厌生而又不肯死的"活佛"，终算冤枉了他的父母一番鞠育之劳。

青年啊！ 具有五官四肢的青年啊！ 你到底也想到该怎样做个像模像样的青年吗？ 我再告诉你：你要有"反抗强暴，歼除恶人"的魄力。 你要有"尊重劳动，为平民献身"的精神。 你要有"富贵不能淫，贫贱不能移，威武不能屈"的气节。 你能这样，你方不愧为新时代的一个青年。

《学生杂志》第 10 卷第 7 号（1923 年 7 月 5 日）

（中央教育科学研究所、厦门大学编《杨贤江教育文集》，教育科学出版社，1982，第 102 页）

意志的训练（节选）

青年中有志勤学勉行的人，当是很多。 但据我所闻，据本志通讯所载，有许多青年，往往不能如愿以偿。 譬如他知道生活应有规律，读书应有程序，办事应有计划，他并且常这样想实行，但是到底终于失望；因为一次的失望，就心灰意冷起来，且误以为这种种是太苦太板非人所能堪的事。 又譬如他知道学校里有某事某事是应该改或应该办的，他知道社会上有某事某事是应该破除或应该提倡的，他平日心中未尝不"跃跃欲试"，但是事实上终不见发生影响。 其他还有许多青年感觉着旧礼教的种种束缚（如在社交上、婚姻上），而又不敢公然反抗或毅然奋斗，只是暗中悲伤，自叹不幸。 则他们精神上的苦痛更是不可计算了。

....

我想，许多青年的有志未成，原因当在于意力薄弱。 但更进一步想，意力薄弱又为什么缘故呢？ 我以为这除胆量外，至少仍和知情有关。 详言之：则一为见理不明，一为热情不足。

见理不明有两种毛病。 第一因为对于事理的真相没有亲切的了解，只因受了一种冲动和暗示，便想立刻实行。 这样，自然只能有个空空洞洞的志愿，不会有切切实实的办法。 第二因为不知道成功的途径，常是迂曲的，不是径直的；常是多阻力的，不是平顺的。 现在他只希望速成，希望圆满，遇了挫折，又不能善为处置，于是在事未及半或竟尚未开始的当儿便倒退下来了。

情是鼓动前进的利器，也是维护不坠的要素。 热情不足，便是兴趣熄灭。 没有兴趣哪里能成？

所以现在要讲意力的训练，势必引起三个问题：一为胆力的养成，一为知识的真切，一为热情的充实。

要养成胆力，除出多事历练而外，别无方法。 譬如怕登台演说的，要想矫正，那么只有老一老脸皮硬上台去。 多做几次，自会习惯。 所以在这一端要不怕羞，要不怕成绩不好，要不怕人家说笑。

要知识真切，似乎是个复杂的问题。 但我以为只要得其法便容易入门。 大概观察敏捷，心思细密，工夫专精都是必需的条件。

至于热情的培养这一端却真是个难题了。 因为情之为物，有些微妙。 没有的时候，很难强致；生的时候，也难骤灭。 现在我的意见是这样：如果自审是个热情欠缺的人，应该勉力多交几个富于血气和活力的朋友。 要请他们来鼓舞你，催促你。 你则要勉力听从，勉求乐趣。

最后一句话，若非自己有坚确的信仰，以上种种，也便都成废话。 所以回转头来，结论是只有意力方能增强意力。 那么意力薄弱的青年如果要训练自己的意力，也只有先从相信自己有意力做第一步工夫了。

《学生杂志》第 10 卷第 8 号（1923 年 8 月 5 日）

（中央教育科学研究所、厦门大学编《杨贤江教育文集》，教育科学出版社，1982，第 110 - 111 页）

要怎样一种人做我们的教师（节选）

在《春晖的学生》第二期上，有福茂先生做的《我的理想的教师的条件》①一篇文章。　他提出来的条件有如下面的几条：

（一）知识上

（甲）有常识，不仅熟悉所教的一科，

（乙）知识能与时俱进；

（二）品性上

（甲）能知学生的长处，同情于学生的短处；

（乙）真希望学生好。

…………

所以我对于好教师的条件提出二个：（一）他须是真希望我们好的；（二）他须是具有现代知识和现代思想的——就是他的所谓"好"，须是合乎进步的人生的要求的。

《学生杂志》第 11 卷第 5 号（1924 年 5 月 5 日）

（中央教育科学研究所、厦门大学编《杨贤江教育文集》，教育科学出版社，1982，第 156 - 157 页）

---

①出处为"《我底理想的教师底条件》"。——作者注

外国教育名言名篇

　　杜威、蒙台梭利、皮亚杰、苏霍姆林斯基,学前教育专业的你一定听过这些名字。

　　在专业学习过程中,同学们或是学习过这些教育家提出的理论,或是了解过他们在教育事业方面的突出贡献。 本部分我们将一起回到这些教育家的著作中,看看他们如何谈论道德教育、健康教育、家庭教育、教师职责等内容。 认真阅读、用心体会,他们的语言文字会对你有所启发。

一、蒙台梭利

（一）简介

蒙台梭利（1870—1952），意大利幼儿教育家，蒙台梭利教育法的创始人。 蒙台梭利非常重视儿童智力的早期开发，反对以教师为中心的填鸭式教育，主张以自我教育为主，在教育活动中，从日常的训练入手，配合良好的学习环境、丰富的教具，让儿童主动学习、独立思考，从而实现自我发现与自我教育。 主要著作有《发现孩子》《童年的秘密》《有吸收力的心灵》等。

（二）名言

1.儿童发展的时期是一生最重要的时期……所以，儿童教育是人类最重要的一个问题……必须注意为儿童期设置一个适当的世界和一个适当的环境，这是一个绝对迫切的需要。 我们这样做，将为人类完成一项巨大的工作。

（单中惠主编《世界教育箴言》，上海交通大学出版社，2016，第 51 页）

2.儿童具有一种依靠自己而能够吸收的心理，这一发现给教育界带来一场革命。 我们现在能够轻而易举地理解为什么人的发展的第一时期，性格形成时期，是最为重要的。 正是在这个时期，儿童最需要一种明智的帮助，影响其创造活动的任何障碍都将影响其充分的发展。 我们应该帮助儿童。 由此，我们不再把儿童视为一种弱小的生物，而是赋予儿童一种巨大的创造力，然而这种能力非常脆弱，需要爱和正确的保护。

（单中惠主编《世界教育箴言》，上海交通大学出版社，2016，第 52 页）

3.任何教育改革必须依据人的天性。 人本身必须成为教育的中心。 我们应切记人不是在大学才得到发展，而是自出生起其心理发展即已开始，而且在生命的最初三年中其发展最为迅速。 在这一时期积极地关心儿童的发展比任何其他时期更为必要。

（单中惠主编《世界教育箴言》，上海交通大学出版社，2016，第55页）

4.我们的错误往往会落在儿童的身上，并给他们带来不可磨灭的痕迹。 我们终将会死去，但儿童却要承受因我们的错误而造成的后果。 对儿童的任何影响都会影响到人类的发展，因为一个人的个性特征就是在他童年心灵的敏感和秘密时期形成的。

（单中惠主编《世界教育箴言》，上海交通大学出版社，2016，第56页）

5.人类通过努力而获得独立。 所谓独立，就是不需别人的帮助而能独自做某事。 儿童一旦获得了独立，就能迅速取得进步。 否则，其进步就会十分缓慢。 领悟了这些道理，我们就会明白该怎样对待并有效地管理儿童……儿童自己的行动可引导他走向独立之路。

（单中惠主编《世界教育箴言》，上海交通大学出版社，2016，第64页）

（三）名篇

心理的发展（节选）

敏感期

即使最幼小的婴儿的感知觉也会在对它的外在表现进行任何探究之前激发心理的发展。例如，以说话为例，虽然这种发展是秘密进行的，但如果认为它没有发展那就错了。至于说儿童已在心灵中拥有一种说话的官能，但他的外部器官还不能适当地表现出来，持有这种态度也同样错了。儿童身上实际上存在着一种获得语言的倾向。这种说法适用于他的精神生活的各个方面。一个婴儿有一种创造本能，一种积极的潜力，能依靠他的环境，构筑起一个精神世界。

在这一点上，跟生长的现象紧密相联的所谓"敏感期"的发现，是特别重要的发现。

当我们讲发展和生长时，我们意指一个从外表看得出的事实。但是生长的内部机制只是最近才被探究，而且仍未被完全理解。现代科学给我们提供了获得这种知识的两种手段。其中之一是研究跟身体的生长相关的腺体和内分泌。由于它对儿童的健康和照料极其重要，它已经变得很流行。另一个是研究所谓的"敏感期"，它有助于了解儿童心理发展[1]。

荷兰科学家德佛里斯在一些动物身上发现了这些敏感期，但是，正是我们在我们的学校里发现了，在儿童身上也能找到这些敏感期并能运用在教学上。

一个敏感期跟一种特殊的敏感性有关，这种敏感性是生物在其早期仍处于个体发育的过程中获得的。……一个活的动物

---

[1] 出处为"它导致了对儿童心理发展的了解"。——作者注

体的每一种特殊品质都是借助于短暂的刺激或潜力的帮助而获得的。因此，生长不能归功于一种模糊的遗传的预定倾向，而是归功于周期性的或短暂的本能精心引导的结果。这些本能通过对某种确定的活动提供刺激来进行引导；这种活动可能跟同一物种的成年动物的活动大不相同。德佛里斯首先在昆虫身上注意到这些敏感期。昆虫的各种变态代表了发展的各个很容易观察到的阶段。

德佛里斯所举的一个例子是普通蝴蝶的幼虫。我们知道，幼虫生长很快，具有能毁灭植物的贪婪的食欲。德佛里斯所研究的那种幼虫在诞生的最初几天里还不能吞噬大叶子，只能进食树枝尖端的嫩芽。

就像一个好母亲一样，雌蝴蝶本能地把卵产在树干跟树枝交接所形成的角落里，那里既安全又隐蔽，当这些幼虫钻出外壳时，是什么东西告诉幼虫它们所需要的食物嫩芽就在它们上面的树梢上呢？是光线！幼虫对光非常敏感。光吸引它，把它迷住了，结果这些幼虫朝着树梢爬上去，那里正是最亮的地方。

…………

我们知道，蜜蜂的幼虫都要经过一个阶段，在这个阶段里所有的雌幼虫都可能成为蜂皇。但这个蜂群只选择一只雌幼虫作为蜂皇。工蜂为她准备一种称为"蜜蜂食料"的特殊食品。被喂了这种极美的食物之后，这个被选中的雌幼虫就成为这个蜜蜂群体的蜂皇。如果工蜂挑选她时，她已经年岁较大，就不可能成为一只蜂皇，因为她已经不会再有贪婪的食欲，她的身体不可能再发展成一只蜂皇。

这些例子可以使我们意识到儿童发展中的一个关键因素。儿童内含着生机勃勃的冲动力，由此使他产生惊人的举动。不能跟随这些冲动力，意味着他们软弱和无活力。成人对这些不同的状态没有直接的影响。 但是，如果儿童不能根据他的敏感期的指令行事，种自然征服的机会就丧失了，永远丧失了。 在心理的发展期间，儿童真正作出了惊人的征服，只是由于我们已经看惯了这种奇迹，熟视无睹使我们成为麻木的观众。 儿童怎样从一无所知到适应于这个复杂的世界的呢？ 他们怎样辨别事物，并通过不可思议的手段，在没有教师而仅仅依靠生活的情况下，毫无疲劳和愉快地学会一门语言，并掌握了它的所有细节的呢？ ……

儿童是在他的敏感期里学会自我调节和掌握某些东西的。这就像一束光是从内部射出来的，或者就像电池一样能提供能量。 正是这种敏感性，使儿童以一种特有的强烈程度接触外部世界。 在这时期，他们容易地学会每样事情；对一切都充满了活力和激情。 每一个成就都表明他们的力量的增强。 只有当这个目标达到时，疲劳和麻木才会随之而来。

当一种精神的激情耗竭之后，另一种激情又被激起。 在一种稳定的节律中，儿童从一种征服到另一种征服，由此构成了他的欢乐和幸福。 正是在这种心灵纯洁的火焰中，火焰燃烧着并没有浪费，人的精神世界的创造性工作达到了完美。 另一方面，当这个敏感期消失之后，经过思维的过程、主观的努力和不倦的研究，智力的成果表现出来了。 对工作的厌倦产生了麻木迟钝。 这就是儿童心理和成人心理之间的基本区别。 儿童有一种特殊的内在活力，它能使儿童以惊人的方式自然地征服对象；但如果儿童在他的敏感期里遇到障碍而不能工作，他的心理就会紊乱，甚至变得乖戾。 人们对儿童心理上的创伤仍然知之甚少，但是他的伤痕大多数是由成人无意识地烙上去的。

…………

敏感期能把这些童年的脾气清楚地显示出来，但是由于这些内部冲突的背后存在不同的原因，所以并非儿童的所有脾气都能弄清楚。 很多任性的行为只是人们过去错误地对待儿童并由此恶化而导致不正常的结果。 跟敏感期的内部冲突有关的各种瞎想就像敏感期本身一样是短暂易逝的。 瞎想对在敏感期里所获得的那些倾向并没有留下永久的印痕，但它们会产生一种不良的影响，阻挠儿童心理的成熟。

儿童敏感期的脾气是他们的需要未得到满足的外部表现，表现了对某种危险的警觉，或感觉到某些事情处置不当。 只要有可能满足需要或消除危险，这种外部表现也就消失了。 人们时常可以看到，儿童在经历了一种似乎是病态的激动不安状态之后突然平静下来了。 因此，我们必须寻找儿童每种任性背后的原因，这完全是因为这些原因就是我们尚未知道的东西。 一旦找到这些原因，就能使我们深入到儿童心灵的神秘幽深处，并为我们理解儿童以及跟儿童和谐相处提供了基础。

敏感期的分析

对儿童"实体化"和敏感期的研究可比作一次探索性的手术，它能使我们看到促进儿童生长的各种器官的功能。 它们告诉我们，儿童心理的发展不是偶然发生的，也不是由外部刺激所引起的，而是受短暂的敏感性，即受与获得某种特殊品质密切相关的暂时的本能引导的。 虽然这发生在外部环境中，但环境本身主要是一种场所，而不是一个原因：外部环境只是提供心理发展所必需的媒介，就如物质环境为生物体的发展提供了食物和空气一样。

儿童不同的内在敏感性使他能从复杂的环境中选择对自己生长适宜的和必不可少的东西。 内在敏感性使儿童对某些东西敏感，而对其他的东西无动于衷。 当某种特殊的敏感在儿童身上被激起时，它就像一道光线照在某些物体上，而不照在另一些物体上，使得这些被照到的物体成为他的整个世界。 这并不仅仅是对某些情境或某些事物具有强烈欲望的问题。 在儿童内部，还具有一种能运用这些物体以利于自身发展的独特的潜力，因为正是在这敏感期内他进行心理的调整，使他自己能适应环境或日益精确并轻松地到处活动。

在儿童和他的环境之间的这种敏感的关系上，可以找到解开乱绕在一起的神圣的线团的方法，儿童心理发展的奇迹就包容在这线团之中。

我们可以把这奇妙的创造性活动想象成一系列来自潜意识的充满活力的冲动，当这些冲动跟环境接触时，就产生了一个人的意识。 它们最初是混乱的，然后被区分清楚，最后达到能进行创造性活动的境界，例如，在儿童学习说话方面就可以看到这一点。

当不同的声音杂乱地传进儿童的耳朵时，这些声音仿佛是某种富有魅力和有吸引力的东西被突然和清晰地听到了，就像是一种未知的语言清晰地发出的声音。 这时尚未有推理能力的心灵听到了一种音乐，这种音乐充满着它的世界。 这个儿童的神经纤维被充分地激发起来了，确切地说，并不是全部的神经纤维，而是那些迄今还潜伏着的和只有在一阵叫喊声中才震动的神经纤维。 它们被激起有规律的震动，在一种指令和命令下改变它们的震动方式。 这标志着精神胚胎的生命的新时期开始了。 这是一种倾全力于现在的生活。 它的未来前景仍是未知的。

渐渐地儿童的耳朵能分辨出不同的声音，他的舌头具有新的活力开始动起来。 而在这之前，他的舌头仅仅用来吮吸。 现在这个儿童开始体验到舌头内在的震动。 似乎在某种不可抵抗的冲动的驱使下他的舌头伸缩着，使他感知到他的喉咙、脸颊和嘴唇。然而，这些震动除了得到某种不可言喻的满足之外，并无任何目的。当他屈起四肢，握紧拳头，抬起头，转向说话的人，并把眼睛紧紧盯住说话人的嘴唇，这个儿童表现出他已得到了满足。

儿童正在经历一个敏感期：一个神的指令正在使这种孤弱的状态消失，并用它的精神激发他。这个儿童内心世界的剧本是一部爱的剧本。这种伟大的事实正在儿童心灵的秘密领域里展现出来，并有时完全吸引着儿童的心灵。这些在谦卑的沉默中激起的惊人活动不可能不留下崇高的品质，这些品质将伴随儿童终生。

只要儿童的环境能充分满足他的内在需要，所有这一切都将悄悄地发生，丝毫不引起人们的注意。例如，说话的技能是所有他要掌握的东西中最难的一种，儿童的这种敏感期也不被人注意，因为他被人们包围着，人们通过说话为他的发展提供了必要的因素。唯一可以使我们了解儿童的这种敏感期的东西是他的微笑，这是他对人们清晰地用简短的词语对他说话所表现出来的快乐，所以他能区别各种各样的声音，如某种声音标志着教堂塔楼的钟鸣。还有，在傍晚当成人对着儿童唱一支催眠曲，一遍又一遍地重复相同的歌词时，我们就会看到儿童从狂喜变得安静下来，那是很明显的。就是在这种快乐之中，他离开了意识世界，进入了睡眠状态。这就是为什么我们要细声柔气地对儿童说话。我们希望儿童用充满活力的微笑来回答我们。这就是为什么从远古时代起，父母一到晚上就要到渴望听到歌曲或故事的儿女身边去。

这就是儿童具有创造的敏感性的正面证据。但还有其他的证据，虽然是反面的，但更为明显。当某些障碍阻止儿童的内在功能的发挥时，这些反面证据就变得很明显。 那时，儿童的敏感期可能在他的激烈反应中表现出来。 我们可以把这看作一种无意识的绝望，称之为"发脾气"。 但实际上它表达了一种内部的失调或者一种需要未得到满足，由此在心理上导致了一定程度的紧张。 这种心理上的紧张表示心灵尽力要求保护自身或提出疑义。

发脾气本身可以表现在焦虑的和无目的的活动上。 可以把它比喻为发高烧，它突然袭击一个儿童，但并没有相应的病理上的原因。 正如我们所知道的，通常儿童生了小病体温就会高得惊人，而这种病对成人来说实际上毫无关系；但儿童的发烧可能来得快，去得也快。 同样的，在心理水平上，也会有一种强烈的焦虑不安，它产生于儿童特殊的敏感性，但并没有相应的外部原因。 这种反应一直引起注意。 事实上，瞎想或发脾气在儿童身上几乎从一出生就表现出来了，可以把它们看作人类反常心理的证据：然而，如果把每一种功能性的失调都看作一种功能性疾病，我们也必须把所有的心理紊乱称作功能性的疾病。 儿童的第一次发脾气就是他心灵的第一次发病。

由于病理的状态比自然的状态更明显，人们已经注意到这些脾气。 它从来不是平静地提出问题和要求得到回答，而是一种故障和失调。 最明显的是，它不是自然的规律，而是对自然规律的违背。 因此，没有一个人会注意到伴随着生命的创造性工作，或保护生命的活动所表现出的那些几乎感觉不到的外部征兆。 创造力和保护本能都仍然隐藏着。

发生在生物体上的事情也同样会发生在人所制造的产品上。 这些产品一旦制成就被置于玻璃罩中，但是制造它们的工厂却跟公众相隔绝，虽然制造产品的工厂比产品本身更令人感兴趣。 同样的，人体内各种器官的活动确实是奇妙的，但却没有一个人看到它们或注意到它们。 甚至靠了这些器官的功能而活着的人也没有意识到它们惊人的复杂性。 自然在不显露自身的情况下起作用。 其实，它在实现耶稣基督的博爱箴言："不要让你的右手知道你的左手正在干什么。"各种力量在起作用时的协调平衡就称为"健康"或"正常状态"。

…………

儿童的心理疾病已受到重视，然而对他们的正常心理功能的认识还处于朦胧中，这种情况并不令人感到惊讶。 当我们考虑到心理功能是极其微妙的时候，它是在神秘的隐蔽处逐渐地完美的，那就更可理解了。

如果不给儿童提供帮助，如果他的环境被忽视，那他的精神生命就将处于持续的危险之中。 儿童就像人世间的弃儿。 他面临着危险。 他必须为自己的心理发展而斗争，但有可能在斗争中失败。 由于成人甚至还不知道那些正在起作用的力量，他们就不会给儿童提供帮助。 他们很少意识到正在发生的奇迹——精神生命的创造从表面是一点也看不出的。

不了解儿童的心理发展的状况再也不能继续下去了。 我们必须从最初的时刻就帮助儿童。 这种帮助并不在于塑造儿童，因为这个任务属于自然本身，而在于灵敏地尊重儿童心理发展的外部表现，在于为儿童的生长提供那些必要的手段，因为这种生长单靠儿童自己的努力是不可能得到的。

如果确实如此，如果健康儿童的秘密存在于某些隐藏的能量之中，我们只能设想由于心理发展的缺陷而产生的大量失调会导致功能的不正常或疾病。 当我们还不知道婴儿健康的因素时，儿童死亡率高得令人惊讶，但这只是问题的一个方面。 在生存下来的人当中，有许多人深受眼睛失明和佝偻病或脚跛和瘫痪之苦。 许多人身体残缺和器官衰退，这使得他们易受结核病、麻风病、淋巴结核等疾病的传染。

同样的，我们并没有确保儿童心理健康的计划。 在我们的环境中，没有任何东西可以保护和维护儿童的心理健康。 我们甚至忽视了那神秘的活动，正是这种神秘的活动激起了精神协调的愿望。 失调导致大量残缺的情况——失明、虚弱、发育迟缓、死亡，更不必说骄傲、权力欲、贪婪和发怒。 所有这些不只是语言的修辞手法或比喻，而是用刚才提及他的身体时所用的同样词语来描述的儿童心理状态的可怕的现实。 最初的毫厘之差会导致以后生活中的最大偏离。 一个人可以在并非真正是他自己的精神环境中成长和达到成熟，但他就不能生活在一个应该是他生存的乐园之中。

观察与实例

心理学家一直企图从儿童那里引发出运动反应：这种运动反应表明儿童对感官刺激的一种心理反应。 但这种实验不能证明弱小婴儿的精神生活的存在。 一种精神生活，即使它并不完美，也必然先于任何随意运动而存在。

…………

对儿童心理生活的观察必须使用与法布尔观察昆虫的方法相同的方法。 当昆虫在它们的自然环境中忙碌地工作时，法布尔自己隐藏起来，不去打扰它们。 同样的，当儿童的感官开始积累外部世界的意识印象时，我们才开始观察儿童，因为只有到那时一个生命才能靠着它的生存环境自然地发展起来。①

愿意帮助儿童的人不必求助于复杂的观察或幻想式的解释。 只是他必须要有帮助儿童的愿望和一些有关儿童的常识。

---

①出处为"因为只是到那时一个生命靠着它的环境自然地发展起来"。——作者注

一些明显的例子表明，这种观察是多么的简单。 由于儿童还不能站立，许多人认为他将总是伸直身子躺着。 儿童必须从他的环境中得到他的第一个感觉印象，即从天上和地上得到，但是他不可能盯住天上看。 他凝视着房间的天花板，通常这像床单一样洁白而且单调。 还有，他应该有机会看那些能使他饥渴的心灵得到营养的东西。 父母常常想到需要用某种东西把儿童从单调的环境中吸引开来。 结果，他们把一只球或其他一些物品吊在一根绳子上，使它在儿童头上晃动。 在努力吸收来自环境中的印象时，由于儿童不能转动他的头，他就用眼睛盯着摇摆的物品。 由于儿童处于一种不自然的姿势以及物体的运动，因此，他的努力是不自然的和有缺陷的。

比较好的办法是，把儿童放在有点倾斜的平面上，这样他就能够看到他周围的整个环境。 更好的办法是，把儿童放在花园里，他就能看到鸟和花以及微微摇动的幼苗。

儿童应该在不同时刻被放在同一个地方，这样他就可以重复看到同样的东西，并学会如何识别这些东西以及它们的相应位置，如何区别有生命的东西和无生命的东西。

（蒙台梭利：《童年的秘密》，马荣根译，人民教育出版社，2005，第50－60页）

两种不同的工作（节选）

虽然要求儿童和成人相互爱戴、和谐地生活在一起，但他们常常是不协调的，因为他们并不能相互理解，这破坏了他们生活的基础。

儿童和成人的冲突产生了许多不同的问题。 其中有一些显而易见跟他们的相互关系有关。 成人在生活中有一个复杂和强烈的使命要完成。 要成人使自己适应儿童的节奏和精神视野，中断自己的工作来满足儿童的需要，这对他来讲已变得越来越困难。 另一方面，日益复杂和紧张的成人世界跟儿童不相协调。 与当代文明的人为特征形成强烈对照的是，我们可以回忆起原始人简朴和平静的生活，在那里儿童可以找到一个自然的庇护所。 在这个社会里，儿童跟以平静安宁的方式从事简单工作的成人相接触。 儿童的周围就是家畜和他可以随意触摸的其他东西。 他可以做自己的工作，而不必害怕遭到反对。 当他感到疲倦时，他就躺在树阴下睡着了。

但是，文明慢慢地把自然环境从儿童那里收了回去。 所有一切都规定得有条不紊，节奏迅速并受到限制。 不仅节奏加快的成人生活是儿童生活的障碍，而且机器的出现像旋风一样刮走了儿童最后的庇护所。 儿童不能再进行他应该从事的自然活动。 对儿童过分的照料主要是防止他的生存遇到危险，它不断地被扩大以致越来越严重地损伤了儿童。 现在，儿童就像一个流放在世的人，孤立无助并受到奴役。 没有一个人想为他创设一个适宜的环境或考虑他的工作和活动的需要。

由于存在两种生活方式，儿童的生活方式和成人的生活方式，为此我们必须深信存在两种截然不同的社会问题和两种基本上不同的工作类型。

成人的工作

成人要履行自己的任务，即建立一个超自然的环境。 他必须用他的智慧和外在的努力进行生产劳动，通常这种劳动既是社会性的，又是集体性的。

在从事工作时，一个人必须遵循有组织的社会规范。 这些规律是人们自愿遵循的，以达到共同的目的。 但是除了那些社会习俗所需要的规律和作为不同文化源泉的规律之外，还有其他的规律，它们隶属源于自然本性的工作。 这种规律对所有人和所有的时代来讲都是共同的。 在所有的生物体中可以发现的规律之一就是劳动分工的规律。 在人类中间，它是必不可少的，因为他们不可能都生产同样的东西。 跟个人工作有关的还有另一条自然规律。 这就是效益规律，按照这条规律他试图获取最大的生产效率而付出最少的精力。 这是一条最重要的规律。 与其说它体现了尽可能少干活的愿望，还不如说它体现了人们能以最少的努力生产同样多的东西。 这条规律也适用于对人的劳动给予补充的机器。

所有这些规律都是有效的，即使它们并不总能普遍地适用。由于一个人能支配的物质资源是有限的，他想使自己富有的愿望就产生了竞争。 在野兽那里也可以发现，为生存而进行的斗争随之而产生。

除了这些自然的冲突之外，还有由个人的歧变所导致的其他冲突。 可列入其中的有，跟个人或物种的保存毫无关系的对财产的渴望。 由于这种渴望没有自然的根源，因此它是无限的。 另一个歧变是占有欲，它支配了爱，用恨来代替爱。 当占有欲进入一个有组织的环境时，它不仅是个人的一种障碍，而且是共同工作的一种障碍。 于是，剥削他人的劳动取代了劳动的自然分工。 指导性的规范成为最合适的措施，它在权力的伪装下，把人类歧变的结果作为社会的原则确立起来。 这样，谬误胜利了，它被当作人类生活和道德的一部分。 在一种灾难性的阴影之下，人们并不认为所有的东西都遭到歪曲是一种阴影，相反却普遍地认为这种随之而来的病患是不可避免的。

儿童是生活在成人之中的自然人。 他发现自己处于一个不相容的环境中。 他跟成人的社会活动毫不相关。 他自己的活动也跟对社会有用东西的生产毫不相关。 我们必须坚信这个事实，即儿童完全不可能参与成人的社会活动。 如果我们把成人的劳动描绘成铁匠用沉重的锤子敲打铁砧，那十分明显，儿童不可能从事这种劳动。 如果我们把脑力劳动描绘成一个科学家在一项困难的研究项目中使用精密的仪器，那同样十分清楚，儿童也不能对它作出任何贡献。 或许，我们甚至可以想到一个立法者在拟定新的法律：儿童从来也不可能替代成人去完成这种任务。

⋯⋯⋯⋯⋯⋯

儿童必须从一无所有开始，开辟他自己的进入成人群体之路。跟儿童相比，成人像上帝一样伟大和强有力，儿童必须从他那里获得生活的必需品。 成人是儿童的创造者、统治者、监护人和恩人。从来也没有任何人像儿童依赖成人那样完全依靠另一个人。

儿童的工作

儿童也是一个工作者和生产者。 虽然他不能分担成人的工作，但是，他有自己的困难，要完成重要的任务，即造就人的任务。 新生儿孤弱，不能到处走动。 但是这个幼小的儿童最终长成了一个成人，如果后者的智慧通过精神的征服而变得丰富起来，并闪烁着精神的光芒，那是由于他曾经是一个儿童。

⋯⋯⋯⋯⋯⋯

人一旦获得生命，在人最初创造时所发生的事情在所有人的身上都会再现出来。 因此，我们可以不断地重复说"儿童是成人之父"。 成人所有的力量都来自那委托儿童完成秘密使命的潜能。 使儿童成为一个真正工作者的是这个事实，即他不会由于仅仅靠休息和思辨而发展成一个成人。 相反，他在从事积极的工作，他通过不断的工作在进行创造，我们还必须记住，他是运用成人使用和改造过的同一个外界环境在进行这种工作的。 儿童通过练习得以生长。 他那建设性的努力构成了一种发生在外界环境中的真正的工作。

儿童通过练习和运动获得经验。他协调自己的运动，记录了他在跟外部世界接触时所体验到的情感。这一切有助于形成他的智慧。……他勤奋地学习如何说话，同时经过不倦的努力，他成功地学会了如何站立和到处奔跑。在生长的过程中，儿童就像任何最认真的学生一样遵循一种进程表，星星也是按照同样不变的恒性沿着无形的轨迹在运动的。事实上，我们可以在儿童发展的每个阶段测量儿童的身高，他将在预测的范围之内。我们也知道儿童在 5 岁时会达到某一个智力水准，在 8 岁时又达到另一个水准。由于儿童将服从自然为他确定的计划，我们也可以预测在 10 岁时他的身高将是多少，他的智能又将如何。依靠他的努力、经验、悲伤和通过对困难的尝试与斗争而达到的征服，儿童慢慢地完善着自己的活动。成人可以帮助儿童去适应环境，但是，是儿童自己在完善他自己的生活。他就像一个不停地奔跑的人，总能达到他的目的。因此，一个成人的完美依靠他在儿童时所作出的努力。

我们成人依赖儿童。就儿童的活动领域而言，我们是他的儿子和扈从，正如在我们的特殊工作领域他是我们的儿子和扈从一样。在一个领域成人是主人，但在另一个领域儿童是主人。无论儿童和成人都是国王，但他们是不同王国的统治者。

两种工作的比较

由于儿童的工作由行动和外部世界的真实物体所组成，所以，它们可以成为专门研究的对象。在调查儿童的工作的起因和模式之后，就可以把它们跟成人的工作进行比较。儿童和成人都对他们的环境进行一种直接的、有意识的和自主的活动，这可以在这个术语的真正含义上称之为工作。但是，这种相似到此中止，因为他们的工作各自都有不同的目的要达到，但是这种目的无法直接知道并下决心去达到。所有的生命，即使是植物的生命，都是以环境为条件得以发展的。 但生命本身是一种能量，它通过不断地完善环境，并使能量自身不衰以保持创造的平衡。 例如，珊瑚虫从海水中提取碳酸钙，由此建造它们自己的保护性的覆盖物。 这是它们活动的特有目的，但是，在创造的总进程中，它们也建造了新陆地。 由于这一最终目的远离它们的直接活动，所以，我们甚至不提新大陆的问题就可以了解到大量的有关珊瑚和珊瑚礁的知识。 对所有的生物，尤其对人来讲，可以说是同样的道理。

每个成人都是儿童创造性活动的产物，这个事实证明儿童有一个明确的、可见的和最终的目的。 然而，尽管我们可以从每一个角度去研究儿童，了解有关他的从身体细胞到他无数工作的最细微细节的各个方面，我们仍然不能觉察他的最终目的，即他将变成的成人。

然而，一个行为的这两个相隔很远的目的意味着，工作要依赖于环境。

自然有时可以用简单的手段揭示它秘密的某些方面。 例如，在昆虫中，我们可以注意到真正的生产劳动的产品。 其中之一是丝，这种光亮的线被人编织成珍贵的织物。 另一个是蜘蛛的网，它由脆弱的丝组成，人们迫不及待地要破坏它。 然而，丝是蚕的产物，蚕是一个仍处于成熟过程中的生物，而蜘蛛网是成年蜘蛛的产物。 这种比较会有助于我们认识到，当我们讲到儿童的工作时，并把它跟成人的工作相比较时，我们是在讲两种真正的活动，但在目的上是截然不同的。

…………

这表明在儿童和成人工作的自然规律之间有一种基本差异。 儿童并不遵循效益规律，而是正好相反。 他并没有未来的目的，却把大量的精力消耗在工作中，并在完成每个细节时运用了他所有的潜能。 这个外部的目的和行为在所有的情况下都只具有偶然的重要性。 而在环境和儿童内心生活的完善之间存在着一种引人注目的关系。 一个已经升华的人并不会被外界东西所迷住。 他仅仅在适当的时间为了他自己内心生活的完善而利用它们。 跟这种人相对立的是，过着一种平凡生活的成人会被某些外在的目标所迷住，以至不惜任何代价去追求它们，有时达到损害健康乃至丧失生命的地步。

成人的工作和儿童的工作之间另一个明显的差异是，儿童并不寻求获利或帮助。 儿童必须靠自己进行工作，他必须完成工作。 没有人能挑起儿童的担子，代替他长大。 儿童也不可能加快他的发展速度。 一个生长中的生物特有的性质之一就是，它必须遵循一种进程表，既不允许推迟也不允许加快。 自然是严厉的，它会对由于功能歧变，即反常或称做"迟滞"的病患所引起的点滴不服从的行为给予惩罚。

儿童拥有一种驱动力，它不同于成人的驱动力①。 成人总是为了某些外在的目的而行动，这种目的要求他奋发努力和艰苦牺牲。 但如果一个人要完成这个使命，他必须从儿童时期获得力量和勇气②。

另一方面，儿童对劳累的工作并不感到疲倦。 他通过工作得以生长、结果，他的工作增加了他的能量。 儿童从不要求减轻他的负担，而完全由他一个人完成他的使命。 他的生命完全在于促进生长的工作，因为他必须工作，不然就会死亡。

如果成人不理解这个秘密，他们对儿童的工作的理解就永远不可能比过去理解得更多一些。 他们在儿童工作的范围设置

①出处为"儿童拥有一种趋动力，它不同于成人的趋动力"。——作者注
②出处为"他必须从他曾经做过的儿童那里获得力量和勇力"。——作者注

178

障碍，认为休息将是他适宜的生长的最大帮助。 成人为儿童做每件事，而不让儿童按他所应该的那样活动。 成人感兴趣于花费最少的精力和节省时间。 由于成人更有经验和更敏捷，他们就试图给小孩洗手、穿衣，用手抱或用小推车带着他们到处转，重新整理儿童的房间而不让儿童插手。

一旦给儿童留些余地时，儿童立即叫起来："我要干这个！"但在我们的学校中，有一种适应儿童需要的环境，儿童会说："让我自己做，这是对我的帮助。"这些话揭示了他们内在的需要。

在这种矛盾的背后隐藏着一个多么深刻的真理啊！ 成人必须用这样的方式帮助儿童，即他能够在世上活动并从事他自己的工作。 这不仅揭示了儿童的需要，而且揭示了他应该被一种生气勃勃的环境所围绕。 这种环境并不是让儿童去征服或取乐的环境，而是能使他完善他的各种活动的一种媒介。 很明显，这种环境必须由一个了解儿童内在需要的成人来准备。 因而，我们的儿童教育思想不仅不同于为儿童做所有事的人，而且也不同于那些认为可以让儿童处于一种完全缺乏活力的环境中的人的思想。

因此，仅仅准备一些在体积上跟儿童相适应和符合他们需要的东西是不够的：成人还必须受到训练以帮助他们。

（蒙台梭利：《童年的秘密》，马荣根译，人民教育出版社，2005，第 187 - 194 页）

二、皮亚杰

（一）简介

皮亚杰（1896—1980），瑞士著名儿童心理学家。皮亚杰批判儿童心理学中各种形而上学的发展观，提出了儿童心理发展是在内外因相互作用下不断产生量变和质变的心理发展观。他提出儿童心理发展的四要素并划分儿童心理发展的四大阶段，即感知运动阶段、前运算阶段、具体运算阶段、形式运算阶段，极大地丰富和深化了儿童心理学的研究。他一生写过六十多本专著和五百多篇论文，主要著作有《儿童的语言和思维》《教育科学与儿童心理学》《发生认识论原理》《生物学与认知》等。

（二）名言

1.如果智育的目的在于培养聪明才智而不是积累记忆，在于培养知识的探索者而不是培养博学之士，那么传统的教育显然具有严重的缺陷。

（单中惠主编《世界教育箴言》，上海交通大学出版社，2016，第135页）

2.如果得不到足够数量合格的教师，任何最使人钦佩的改革也势必要在实践中失败……一般地讲，我们愈是要改进我们的学校工作，教师的任务就愈繁重……

（单中惠主编《世界教育箴言》，上海交通大学出版社，2016，第242页）

（三）名篇

一种发展的理论（节选）

智力发展的机制

平常提到的作为说明智力发展的经典因素是生物成熟、环境影响（经验）和社会传递。　这三者中的每一个因素都起着重要作用，但是，它们仍不足以完全说明智力的发展，还需有第四个因素。

运算结构的发展速度有赖于文化环境、个体经验等，除了生物成熟以外，显然还需要补充其他因素。

经验作为一种无可匹敌的说明因素，所有观念确实需要有一个经验的基础，连逻辑和数学的观念也都如此。　有两种明显不同类型的经验，虽然它们经常是一起发生的。　第一种是物理经验，即作用于物体而获得的关于物体本身的某些知识。　例如，通过称东西而发现一个物体的质量和体积常常不成比例。第二种是逻辑数学经验。　在这种经验里，知识不是从所作用的物体获得的。　排列物体的方式不影响物体的总数。　物理经验确实不足以完全说明智力的发展。　至于逻辑数学经验，不过是建立在动作协调上的演绎思维的一种准备。

语言、教育或社会传递虽然重要，但只有在儿童能将提供给他的东西同化到自己的运算结构中时才起作用。

渐进平衡。　这样，另一因素——协调了的动作的渐进平衡就成为必要的了。　为什么平衡作用是一种满意的解释模式呢？有两个理由。　第一，智力的平衡来源于主体对外界干扰的补偿活动。　因为补偿导致可逆性，所以，运算结构的渐进平衡活动就以不断增加可逆性的形式向前发展。　这样一来，平衡不但可以视为智力的一种合理的定义，而且是智力发展的一种解释。

第二，一种运算结构一旦具有了可逆性，也就平衡化了，但在这以前，它经历了连续平衡的前运算进程。假若我们跟踪这一渐进平衡化过程，我们就会看到，任何一个特定步骤，在开始时虽然未必最有可能发生，但是，一旦前面的步骤达到了，它就变为最可能的了。这样，平衡包含一种能应付具体细节的连续可能性的雏形，并且提供了一种基于内部强化而不只是外部强化的学习理论。

知觉和心理意象

智力发展的研究仅仅是发展研究领域的一部分。此外，还有知觉和心理意象方面的研究工作。

知觉的发展。在知觉发展方面，已经证实了两类现象：一是效应的强度降低，但其结构仍不变；二是随着年龄增长，活动更好地结合起来。

那些结构上没有改变但其强度随年龄增长而降低的效应，可以用种普通概率模型加以解释。人们已经研究过约 15 种经典视错觉的发展。这方面的例子是德勃夫错觉、缪勒—莱尔错觉，以及角、矩形、平行四边形的错觉。对每一种错觉用种种不同比例加以研究，并对每一年龄的比例确定其正负极限，发现每一种错觉的极限比例都是一样的。这就可以把所有错觉的效应归纳成一个普遍定律，那就是"中心化"效应：中心区域被过高估计，边缘区域被过低估计。皮亚杰、维邦和马达隆（1958年）所进行的一种眼动研究，在某些较简单的情况下，可以证实这一解释。……

这种中心化效应本身可归纳为一种概率的解释，部分基于图形的成分与接收器①的成分之间的"相遇"点的分布，部分基

---

①出处为"接受器"。——作者注

于建立在这些相遇点之间的对应的系列或"配对"。研究的目的在于在儿童和成人中确定每一错觉的时间极限，呈现时间为0.1 秒至 1.0 秒。这些研究进一步证实这两个因素的二元性。

第二组现象——随着年龄的增长，活动变得更加结合起来——起源于诸如比较图形的部分，靠引入知觉同等物构成图形、预知图形的部分之类的探索活动。这些活动导致某些有规则的继发错觉，这是由系统中心化而引起对变形的夸大而产生的。眼动的研究再一次证实了这一解释，尤其表明成人的知觉探索活动比儿童的要有规则得多。这说明了为什么这些错觉随年龄增长而变得更加明显。

另外，这些知觉活动越来越受智力的影响和指导。智力对最初的知觉错觉没有影响，但对知觉活动的确有一定作用，它指引着探索，并将知觉引入自己的结构之中。但是重要的是要注意知觉的形象功能缺乏独立发展达到什么程度，以及它从属于运算功能达到什么程度。形象功能在早期运动行为中有其起源，而且它后来的发展受运动智力指导。

心理意象。心理意象是另外一种对其发展已做过系统研究的形象功能。近年来心理意象相对地被忽视了，在儿童中从来没有对之进行过很多研究。要研究两个问题：一是要证实意象的发展究竟是自发的还是受运算发展所影响；二是要证实究竟意象是否为运算铺平道路，或者相反地它被运算所修改和靠运算来建构。

就第一个问题而论，已区分出两种主要意象类型。除了"复写"意象外，还有预期意象。例如，想象把根棍子的一端装在旋轴上转动，那些年龄太小、不能从事运算的儿童所出现的是再现意象，预期意象则完全没有。实际上，所发生的错误是前运算思维中的错误的记忆的恢复。另外，预期意象不是直接从再现意象引导出来的，而是要依靠运算的参与。 到了运算水平，这种意象变得更加灵活，而且能作为运算思维的一种有用的符号辅助物。

考察第二个问题，是通过追溯各种运算测验（如守恒）和告诉儿童从事什么样的变换之后，要他们预测情境将会怎样。 例如，就数量守恒而言，将 12 个蓝色小圆片摆成长 15～20 厘米的一排，相距约 30 厘米，将 12 个红色小圆片摆开成 30～40 厘米的另一排。 用有 1 厘米高的隔墙的槽，使每个蓝色的小圆片和 1 个红色的相结合，这样一对小圆片能沿着槽向彼此的方向移动，最后必定相碰。 将这些小圆片放在各自原来的位置，问儿童下列问题：蓝色的是否与红色的一样多？若将所有蓝色的都移到红色的所在的地方，是否将是一样多？等等。 结果发现幼小的儿童完全能够描述小圆片的移置，但在 6.5 岁或 7 岁以前，他们还不能断言数目一样多。 他们说数目随着排列的变长而增加，随着排列的变短而减少。 预期仍停留在横向上，注意集中于排列的长短。 后来，到了运算水平，就变为纵向的了，集中于移动的道路，并可用以检验一对一的对应。 别的一些实验也提供了同样的证据，也就是说，足够的意象本身不足以产生运算思维，而要受主体的运算水平的组织和修改。

认识论的结论

整个研究为一个单一的广泛目的提供了证据。 这个目的就是：对有关经验和逻辑数学知识的性质的认识论假设进行实验检验。

首先，它揭示经验主义作为一种认识论的理论的不充足：经验知识本身的发展不需要一种经验主义的解释。 就事实而论，对儿童这方面的发展的研究表明，经验决不简单地是"阅读"或被动的记录。 它总是被主体同化到他自己的结构图式之中。 换言之，甚至物理知识（就其最广泛意义而言）总是和依靠主体自己所获得的经验的一种逻辑数学结构有关系。至于这种结构，不单是一种语言的表达方式，而是来源于主体自己动作的最普遍的协调系统。总之，它是运算的。

　　然而，说主体在组织认识的物质客体上起积极的作用，这并不意味着像先验认识论的各种理论所坚持的那样，认识仅仅来源于主体（在格式塔理论中仍然存在先验论的影响）。认识既不来源于独立于某一主体之外的客体，也不来源于独立于客体之外的某一主体。它来源于主体与客体间不能分离的相互作用，或用更普通的话讲，来源于机体与环境之间的相互作用。最初，这种相互作用使客观与主观之间缺乏分化或者混淆，这在儿童的自我中心状态中是明显的。随后，它产生两种有联系的发展。一种是解除中心化，结果形成经验知识的客观性（这种客观性不是认知过程的一个礼物，而是一种缓慢而费力的征服）。另一种是反省抽象，导致逻辑数学结构的建立。

　　（皮亚杰：《皮亚杰教育论著选》，卢濬选译，人民教育出版社，2015，第1-15页）

三、杜威

（一）简介

杜威（1859—1952），美国著名哲学家、教育家、心理学家，实用主义的集大成者，机能主义心理学和现代教育学的创始人之一。 从实用主义经验论和机能心理学出发，杜威批判了传统的学校教育，并就教育本质提出了他的基本观点："教育即生活"和"学校即社会"。 主要著作有《民主主义与教育》《明日之学校》《儿童与课程》等。

（二）名言

1.儿童的生活是一个整体，一个总体。 他敏捷地和欣然地从一个主题到另一个主题，正如他从一个场所到另一个场所一样，但是他没意识到转变和中断，既没有意识到什么割裂，更没有意识到什么区分。 儿童所关心的事物，由于他的生活所带来的个人的和社会的兴趣的统一性，是结合在一起的。 凡是在他的心目中最突出的东西就暂时对他构成整个的宇宙。 那个宇宙是变化的和流动的，它的内容是以惊人的速度在消失和重新组合。 但是，归根结底，它是儿童自己的世界。 它具有儿童自己的生活的统一性和完整性。 儿童一到学校，多种多样的学科便把他的世界加以割裂和肢解。 地理是从某个个别观点选择、摘录和分析成套的材料；算术是另一个部门；语法是另一个科目，等等。

（邱磊编《杜威教育箴言》，华东师范大学出版社，2015，第3页）

2.几乎任何一个人都曾有机会回想起他的求学时代的生

活，他不知道在学习期间积累起来的知识究竟产生了什么结果，而且也不知道，过去已经获得的专门技艺，为什么在变化的形式下必须重新学习，才能对他有用处（一个人如果觉得为了长进，为了继续提高自己的智慧，过去在学校中学得的知识已经差不多够用而不必再重新学习更多的知识，那当然是很幸运的）。这并不能说人们过去没有把功课真正学好，因为其做学生时已经学过了这些功课，并且顺利地通过了考试。这里的弊病在于，过去学习的教材是孤立的，就如同把知识放在不透水的互相隔开的船舱里一样。如果要问，这些知识的结果如何？知识到哪里去了？那么，正确的回答是：这些知识仍然保存在原来存放它们的封闭的船舱里面。如果重新出现了和当初学习知识时同样的情境，那么，知识也可以回忆起来，并且也会是有用的。但是，这些知识在当初学习的时候是互相割裂开来的，因而，这些知识同其他经验并没有什么关联，所以在实际的生活情景中，这些知识便不能发挥效用了。

（邱磊编《杜威教育箴言》，华东师范大学出版社，2015，第4页）

3.只要千篇一律地对待儿童，就不可能建立一个真正科学的教育学。每个儿童都有很强的个性，同样任何科学都必须对本科学的所有材料作出判断。每个学生都必须有机会显露他的真实面目，这样教师就能发现学生在成为一个完全的人的过程中需要干些什么。教师只有熟悉她的每个学生，她才有指望理解儿童，而只有当她理解了儿童，她才能指望去发展任何一种教育方案，使之或者达到科学的标准，或者符合艺术的标准。

（邱磊编《杜威教育箴言》，华东师范大学出版社，2015，第9页）

4. 教育者的部分责任是同等地研究以下两件事：第一，从现有经验的种种情况中提出问题，并且这种问题需是在学生们的能力范围之内；第二，这种提问能够激发学习者去自动地探索知识和产生种种新的观念。已得到的一些新事实和新观念就成为取得未来经验的基础，而在未来的经验中又能出现种种新的问题。

（邱磊编《杜威教育箴言》，华东师范大学出版社，2015，第19页）

5. 在儿童进学校以前，他用手、眼和耳来学习，因为手、眼、耳是儿童做事过程的器官，他是从做事中理解意义。一个放风筝的男孩，必须注视着风筝，注意放风筝的线对于手的不同的压力。他的感官所以是知识的通道，并不是因为外界的事实才知怎么地"传达"到大脑，而是因为它们被用来做一些有目的事情。

（邱磊编《杜威教育箴言》，华东师范大学出版社，2015，第25页）

（三）名篇

教育的目的（节选）

一、目的的性质

……我们假定教育的目的在于使个人能继续他们的教育，或者说，学习的目的和报酬，是继续不断生长的能力。但是，除非一个社会人与人的交往是相互的，除非这个社会的利益能平等地分配给全体成员，从而产生广泛的刺激，并通过这些刺激适当地进行社会习惯和制度的改造，这个思想不能应用于社会的全体成员。而这样的社会就是民主主义的社会。所以，我们探索教育目的时，并不要到教育过程以外去寻找一个目的，使教

育服从这个目的。 我们整个教育观点不允许这样做。 我们所要
做□，是要把属于教育过程内部的目的，和从教育过程以外提出
的目的进行比较。 当社会关系不平等均衡时，一定会出现后一
种情况。 因为在这种情况下，整个社会的某部分人将会发现他
们的目的是由外来的命令决定的；他们的目的并不是从他们自
己的经验自由发展而来，他们有名义上的目的，并不真是他们自
己的目的，而只是达到别人比较隐蔽的目的的手段。

我们第一个问题，是要解释存在于活动内部而不是从外部
提供的目的的性质。 我们通过把单纯的结果和结局进行对比来
研究目的的定义。 任何能量的表现都有结果。 风吹过沙漠的
沙，沙子的位置就改变。 这里是结果，是影响，而不是终结。
因为在结果中没有东西完成在此以前的事情。 沙子位置的改
变，只是空间的重新分配。 沙子在改变位置前后的情况没有什
么两样。 因此，没有一种根据可凭以选择前面情况作为起点，
后一种情况作为终点，而把介于两者之间的情况，作为改造和实
现的过程。

以蜜蜂的活动为例，和上面风吹沙漠时沙子位置的变化进
行对比。 蜜蜂行动的结果可以称之为结局，不是因为这些结果
是预先计划好的，或有意识地要这样做，而是因为它们是真正的
结局或完成先前的行动。 当蜜蜂采集花粉，制蜡和构筑蜂房，
每一步动作都为下一步动作做准备。 蜂房筑成以后，蜂皇在蜂
房内产卵；产好卵，就关起来孵化，把卵保持在孵化所要求的温
度。 幼蜂孵出以后，蜜蜂喂幼蜂，到它们能照料自己为止。 我
们很熟悉这些事实，容易不去考虑它们，以为不管怎样，生活和
本能是一件不可思议的事。 因而，我们没有注意到这种事情的
主要特征，即事情的每一个要素的时间的地位和次序都有重要
意义；前件事引出后件事，而后件事又接过所提供的东西，为另

外一个阶段所用，直到我们到达终点，这个结局好像总结和结束整个过程。

因为目的总是和结果联系着的，在谈到目的问题时，首先要注意的一件事是所指定的工作是否具有内在的连续性。 或者，所指定的工作只是一连串动作的堆积，先做一件事，然后做另一件事。 如果学生的每一个行动大概都由教师命令，他的许多行动的唯一顺序来自功课指定和由别人给予指示，要谈什么教育目的，就是废话。 ……目的所包含的意思，是指有秩序的、安排好的活动，在这个活动中，秩序就是循序地完成一个过程。如果一个活动须经一段时间，在这段时间内，活动逐渐发展，这个活动的目的就是预见终点或可能的结局的能力。 如果蜜蜂预见到它们活动的结果，如果它们在想象的预见中看到它们的终点，它们就有了目的的主要成分。 因此，那里情况不允许预见结果，不能使人事前注意特定活动的结局，谈什么教育的目的，或者任何其他事业的目的，都是废话。

其次，目的作为一个预见的结局，活动就有了方向；这种目的，不是一个单纯旁观者的毫无根据的期望，而是影响着为达到结局所争取的各个步骤。 这种预见有三个作用。 第一，它包含仔细地观察特定的情况，注意什么是达到终点的手段，并发现挡路的障碍。 第二，它提出运用手段的恰当的顺序，便于合乎经济的选择和安排。 第三，使我们能选取可供选择的办法。 如果我们能预测这样做或那样做的结果，我们就能比较两种行动走向的价值；我们能判断哪一个办法较为可取。 如果我们懂得不流动的水滋生蚊子，而且蚊子很可能传播疾病，因为我们不愿有那种预期的结果，我们就能采取措施，防止这个结果。 因为我们预见结果并不是仅仅作为旁观者，而是和这个结果有关系的人，我们是产生结果的过程的参加者。 我们进行干预，以取得这种结果或那种结果。

当然，这三个作用是紧密相联的。 我们所以肯定能预见结果，只是由于我们仔细考察了当前的情况，结果的重要性为我们提供了观察的动机。 我们的观察愈加充分，情况和障碍就愈加变化多端，可供选择的办法也愈加众多。 反过来，我们所认识的可能出现的情况或可供选择的行动方法愈多，被选择的活动所具有的意义就愈多，这种活动就愈可以灵活控制。 如果我们只想到一种结果，心里就想不到别的东西，附加在行动上的意义就有限制。 我们只是朝着目标前进。 有时这种狭隘的进程可能见效。 但是，如果出现没有预料到的困难，可以采取的办法就有限；如果对情况作过比较广泛的调查，选择同样的行动，办法就比较多。 否则，遇到困难就不能很快地进行必要的调整。

最后的结论是，有目的的行动和明智的行动是一件事。 预见一个行动的终点，就是有一个进行观察、选择以及处理对象和调动我们自己能力的基础。 要做这几件事，就是要用心——因为用心就是认识事实及其相互关系所控制的有意识、有目的的活动。 用心做一件事，就是预见未来的可能性；就是具有实现这个可能性的计划；就是注意使计划得以实现的手段和挡路的障碍，或者，如果真有心做这件事，而不只是一种模糊的愿望，就是有一个考虑到各种力量和困难的计划。 心思就是一种能力，能把当前的情况参照未来的结果，又能把未来的结果参照当前的情况。 这些特性就是所谓有目的。 一个人所以愚蠢、盲目或不聪明——没有心思——和他在任何活动中不了解他行为的可能结果的程度有关。 如果一个人满足于对结果随便推测，全碰运气，或者不研究实际情况和自己的能力就制订计划，他是不完全明智的。 这种比较的不用心就是用感情来衡量所发生的事情。 要明智，我们在制订活动计划时必须"停停、看看、听听"。

把有目的的行动和明智的活动等同起来，足以表明有目的的行动的价值，即表明这种行动在经验中的作用。 我们喜欢把抽象名词"意识"当作一种实体。 我们忘了这个名词来自形容词"有意识的"。 有意识的就是知道我们在做什么；有意识的就是我们的活动具有意的、观察的和计划的特征。 意识并不是一个人所有的什么东西，并不是一种凝视一个人的周围情况的东西，有的也不是外界事物留下的印象；意识就是一个活动的有目的的性质的名称，因为这个活动被一个目的所指引。 换句话说，活动有目的就是行动有意义，不像一个自动化的机器；这是有意要做些事情，并根据这个意向来认识事物的意义。

二、良好目的的标准

我们可以把我们讨论的结果，用来研究正确地决定目的的标准。

（1）所确定的目的必须是现有情况的产物。 这个目的必须以对已在进行的事情的研究为依据，还应根据所处情境的各种力量和困难。 有关我们活动的正当的目的的种种理论——教育理论和道德理论——往往违背这个原则。 这些理论认为，目的在我们活动之外；目的和实际情境无关；目的来自某种外部的来源。 因此，问题就在于如何使我们的活动实现这些从外部提供的目的。 我们应该为这些目的而行动。 无论如何，这种"目的"限制人的智力；它们并不表现心智的预见、观察和在几个可能性中选优的过程。 这种目的所以限制智力，因为它们是现成的，必须由智力以外的某种权威强加的，留给智力做的事不过是机械地选择手段而已。

（2）照上面这样讲，似乎在试图实现目的以前就能完全制定好目的。 这个印象必须加以说明。 最初出现的目的不过是一

第四部分　外国教育名言名篇

种试验性的草图。 努力实现这个目的的行动才能测验它的价值。 □…在行动过程中，所发生的情况既不证实这个目的，也不推翻这个目的，也不改变这个目的。 对于这个目的，因缺乏适应性而造成的失误，只归因于环境的反常，而不归因于在这种情况下这个目的本身的不合理。 与此相反，一个合理的目的，它的价值在于我们能用它来改变环境。 合理的目的是应付环境的一个方法，使环境产生有益的变化。 一个农民，如果被动地接受事物的现状，就和一个完全不顾土壤、气候等情况而制订农事计划的人一样，会犯同样大的错误。 教育上如果用抽象的或遥远的外部的目的，有一个弊端就是，这种目的在实践中不能应用，很可能胡乱应付环境。 一个良好的目的会调查学生目前的经验状况，制订一个试验性处理计划，并经常考虑这个计划，但是当情况发展时，就改变这个计划。 总之，这个目的是实验性的，因而当它在行动中受到检验时，就会不断地得到发展。

（3）我们所定的目的必须使活动自由开展。 目标这个名词是有暗示作用的，因为它使我们把某一过程的终点或结局放在心上。 我们解释活动的唯一方法，是把活动结尾的对象摆在面前，例如，一个人射击，他的目的就是靶子。 但是我们必须牢记，这个对象只是心里指定他希望进行的活动的标志或符号。 严格地说，目标并不是靶子，而是击中靶子；放枪的人通过靶子来瞄准，但是也要看着枪支。 放枪时，所想到的种种对象，都是指导活动的工具。 譬如说，一个人瞄准一只兔子，他所要做的是立刻开枪，这是某种活动。 如果他所要的是这只兔子，这不是离开他的活动的兔子，而是他的活动的一个因素：他要吃兔肉，或者用它来证明射击术——他要用兔子来做一件什么事情。他的目的是用这个东西做点什么事情，而不是孤立的东西。 对象只是主动的目的的一个方面，就是成功地把活动继续下去。

这就是上面所用的"不使活动自由开展"这句话的含义。

…………

三、教育上的应用

教育的目的并没有什么特殊。 它们和任何有指导的职业目的正好一样。 教育者和前面所说的农民一样，也有一些事情要做，有一些做事情的办法，有一些待排除的障碍。 农民所应付的环境，无论是障碍或是可以使用的力量，都有它们自己的结构和作用，与农民的任何目的无关，例如种子发芽，雨水下降，阳光照耀，害虫吞食，疫病流行，四季变化。 农民的目的，只不过是利用这种种环境，使他的活动和环境的力量共同协作，而不相互对抗。 如果农民不顾土壤、气候以及植物生长的特点等条件，规定一个农事目的，那便是荒谬的。 农民的目的，只是在于预见他的力量和他周围各种事物的力量结合的结果，并利用这种预见指导他一天一天的行动。 对于可能结果的预见，使他对自己所要对付的事情的性质和活动进行更审慎、更广泛的观察，以便拟订一个工作计划，即规定一个行动的程序。

教育者也是这样，不管是家长还是教师。 如果家长或教师提出他们"自己的"目的，作为儿童生长的正当目标，这和农民不顾环境情况提出一个农事理想，同样是荒谬可笑的。 所谓目的，就是对行使一种职责——不管是农业还是教育——所要求进行的观察、预测和工作安排承担责任。 任何目的，只要能时时刻刻帮助我们观察、选择和计划，使我们的活动得以顺利进行，这就是有价值的目的；如果这个目的妨碍个人自己的常识（如果目的是从外面强加的，或是因迫于权势而接受的，肯定要妨碍个人自己的常识），这个目的就是有害的。

我们要提醒自己，教育本身并无目的。 只是人，即家长和教师等才有目的；教育这个抽象概念并无目的。 所以，他们的目的有无穷的变异，随着不同的儿童而不同，随着儿童的生长和教□者经验的增长而变化。即使能以文字表达的最正确的目的，除非我们认识到它们并不是目的，而是给教育者的建议，在他们解放和指导他们所遇到的具体环境的各种力量时，建议他们怎样观察，怎样展望未来和怎样选择，那么这种目的，作为文字，将是有害无益的。正如一位近代作家说过："引导这个男孩读斯各特写的小说，不读旧的斯留斯写的故事；教这个女孩缝纫；使约翰根除横行霸道的习惯；准备这一班学生学医——这些都是我们在具体的教育工作中实际所有的无数目的的几个例子。"

牢记以上这些条件，我们将进而提出一切良好的教育目的所应具备的几个特征。

（1）一个教育目的必须根据受教育者的特定个人的固有活动和需要（包括原始的本能和获得的习惯）。我们前面讲过，把预备作为教育目的，有不顾个人现有能力而把某种遥远的成就和职责作为教育目的的倾向。总的来看，人们有一种倾向，就是提出千篇一律的目的，忽视个人的特殊能力和要求，忘记了一切知识都是一个人在特定时间和特定地点获得的。成人的见识范围较广，对观察儿童的能力和缺点，决定儿童能力的强弱，缺点的大小，具有很大价值。例如，成人的艺术能力可以表现儿童的某种倾向能有多少成就；如果我们没有成人的艺术上的成就，我们就没有把握了解儿童期的绘画、复制、塑造和着色活动的意义。同样，如果没有成人的语言，我们就不能了解婴儿期咿哑学语的冲动有何意义。但是，以成人的成就作为一种背景，把儿童和青年的活动放在这个背景中进行观察，这是一回事；把成人的成就定为固定的目的，不顾受教育者的具体活动，那完全是另一回事。

（2）一个教育目的必须能转化为与受教育者的活动进行合作的方法。这个目的必须提出一种解放和组织他们的能力所需要的环境。除非这个目的有助于制订具体的进行程序，除非这些程序又能检验、校正和发挥这个目的，否则这个目的便是没有价值的。这种目的不但无助于具体的教学任务，并且阻碍教师应用平常的判断观察和估量所面临的情境。这种目的除了与固定目标相符的事物以外，其他事物概不承认。每一个呆板的目的，只是因为它是硬性规定的，似乎就不必审慎注意具体的情况。因为这种目的无论如何必须实施，注意那些不值得考虑的细节又有什么用处呢？

从外面强加的教育目的的缺陷根子很深。教师从上级机关接受这些目的，上级机关又从社会上流行的目的中接受这些目的。教师把这些目的强加于儿童。第一个结果是使教师的智慧不能自由；他只许接受上级所规定的目的。……学生经常处于两种目的的冲突之中，无所适从。一种是符合他们当时自己经验的目的，另一种是别人要他们默认的目的。每一个发展中的经验，都具有内在的意义，除非我们承认这个民主主义的标准，否则我们将会在思想上因适应外来目的的要求而陷于混乱。

（3）教育者必须警惕所谓一般的和终极的目的。每一个活动无论怎样特殊，就它和其他事物的错综复杂的关系来说，它当然是一般的，因为它引出无数其他事物。一个普通的观念，就它能使我们更注意这些关系来说，愈一般愈好。但是，"一般"也意味着"抽象"，或者和一切特殊的上下前后关系分开。这种抽象性又意味着遥远而不切实际，这样又使我们返回到把教和学仅仅作为准备达到和它无关的目的的一种手段。我们说教育确实有它自己的酬报，意思是说，除非所说的学习或训练有它自己的直接价值，否则，这种学习或训练就没有教育意义。

一个真正一般的目的，能开拓人们的眼界，激发他们考虑更多的结口（即联系）。 这就意味着对各种手段进行更广泛、更灵活的观察。 例如，一个农民，他所考虑的相互影响的力量愈多，他直接的应付能力就愈大。 他将发现更多可能的出发点和更多的方法，完成他所要做的事情。 一个人对将来可能成就的认识愈全面，他当前的活动就愈少束缚于少数可供选择的方法。 如果他了解得很透彻，他几乎可以在任何一点开始行动，并且继续不断地、有成效地把活动持续下去。

所谓一般的或综合性的目的，意思不过是对现在活动的领域进行广泛的观察。 有了这种了解，我们将就当代教育理论中流行的比较重大的教育目的，选取几个来讨论，并且研究这些目的能否使我们明白教育者真正关切的当前各种具体的目的。 我们先提出一个前提（其实从以上所述中立即产生这个前提），就是对于这些目的，用不着选择，也不必把它们看作互相竞争的对手。 当我们实际上有所作为时，我们必须在一个特定的时间选择一个特定的行动，但是无论多少综合性的目的，都可以同时存在，并行不悖，因为它们不过是对同一景色不同的看法。 一个人不能同时攀登几个山峰，但是在攀登不同的山峰时，各种景色互相补充：它们并不揭示互不相容、互相竞争的世界。 或者，用稍稍不同的说法，一种目的的说法，可以暗示某些问题和观察；另一种目的的说法，可以暗示另外一些问题，要求进行别的观察。 因此，我们的目的愈一般愈好。 一种说法可以强调另一种说法所忽略的方面。 众多的假设能给科学研究工作者多少帮助，众多的目的也能给教师多少帮助。

提 要

一个目的所表明的是任何自然过程的结果，这个结果是被意识到的，并成为决定当前的观察和选择行动的方式的一个因素。 目的还表明一个活动已经变成明智的活动。 明确地说，所谓目的，就是我们在特定情境下有所行动，能够预见不同行动所产生的不同结果，并利用预料的事情指导观察和实验。 所以，一个真正的目的和从外面强加给活动过程的目的，没有一点不是相反的。 从外面强加给活动过程的目的是固定的，呆板的；这种目的不能在特定情境下激发智慧，不过是从外面发出的做这样那样事情的命令。 这种目的并不直接和现在的活动发生联系，它是遥远的，和用以达到目的的手段没有关系。 这种目的不能启发一个更自由、更平衡的活动，反而阻碍活动的进行。在教育上，由于这些从外面强加的目的的流行，才强调为遥远的将来作准备的教育观点，使教师和学生的工作都变成机械的、奴隶性的工作。

（约翰·杜威：《民主主义与教育》，王承绪译，人民教育出版社，2001，第 111－122 页）

四、苏霍姆林斯基

(一)简介

苏霍姆林斯基（1918－1970），苏联著名教育实践家和教育理论家，他在长达三十多年的教育活动中，一边创造性地从事教育工作，一边坚持教育科学研究，一生写下了四十余本教育专著，六百多篇教育论文和一千余篇童话、故事和短篇小说。主要著作有《给教师的建议》《把整个心灵献给孩子》《和青年校长的谈话》《教育的艺术》等。

(二)名言

1.学龄早期的观察训练，是智力发展的必要条件。

（苏霍姆林斯基：《给教师的建议》，周蕖等译，长江文艺出版社，2014，第63页）

2.没有积极的脑力劳动，学生的任何兴趣、任何注意力都是不可思议的。

（苏霍姆林斯基：《给教师的建议》，周蕖等译，长江文艺出版社，2014，第72页）

3.应记住，要进行教育，首先要关切地、深思熟虑地、谨慎小心地触及青年人的心灵。为掌握这一门艺术，应多读书和多思考。你们读过的每一本书，都应该作为一件精巧的新工具，设法收入你们的教育工厂里。

（苏霍姆林斯基：《给教师的建议》，周蕖等译，长江文艺出版社，2014，第109页）

（三）名篇

知识既是目的又是手段

我坚信，学生在学习上遇到困难的一个原因，就是知识对他们来说往往成了滞销的货物，知识的积累似乎是"为了储存"，而"不进入流通过程"，得不到运用（运用首先是为了获取新的知识）。 在教学和教育工作实践中，"知道"这一概念对许多教师来说，意味着会回答问题。 这种观点促使教师片面地估价学生的脑力劳动和才能：谁善于把知识记住并能按教师的要求立即把它们"亮出来"，谁就算是有才能和有知识的。 这在实践中会导致什么结果呢？ 结果是，知识似乎与学生的精神生活和智力兴趣不相干。 掌握知识对学生来说，变成了累赘、讨厌的事情，希望尽快摆脱它。

首先应当改变对"知识""知道"这两个概念的本质看法。"知道"就是会运用知识。 知识只有在成为精神生活的因素，能吸引住思想和激起兴趣时，才谈得上是知识。 知识的积极作用和生命力，是使知识本身不断发展和加深的决定性条件。 知识只有在不断发展和加深时，才能存在。 只有在知识不断发展的条件下，才能实现一条规律：学生掌握的知识越多，学习就越省劲。 可惜实际情况往往相反：学生的学习一年比一年困难。

从这些道理中究竟可以得出什么实际的建议呢？

要努力使学生把获得知识不当成最终目的，而当成一种手段，使知识不变成静止的、僵死的学问，而经常起作用于学生的脑力劳动、集体的精神生活和学生的相互关系，起作用于生动和连续不断的精神财富交换过程，没有这一过程，智力、道德、情感和美感的真正发展是不可想象的。

为此，实际上应做些什么和怎么做呢？

在低年级，刚开始学习时，知识的最重要成分是语言，确切地说，是语言所表达的现实的周围世界，语言向学生揭示出他在上学前所完全不了解的新境界。 学生通过语言认识世界，就是在知识的阶梯上迈出了最初的、在我看来是最宽阔的步子。 十分重要的是，要使语言生存和活跃在学生的意识中，使它成为学生用来掌握知识的工具。 如果你想使知识不变成僵死的、静止的学问，就要把语言变成一个最主要的创造性工具。

在有经验的教师的实际工作中，上述这种教学和教育方针的表现如下：在学生的脑力劳动中首位的，不是熟背、死记别人的思想，而是学生自己进行思考，这种思考是一种生气勃勃的创造，借助语言认识周围世界的事物和现象，因而也是认识语言本身的细微差别。

我跟学生们一道来到秋日的果园。 这是一个"晴朗初秋"的艳阳天，柔和的阳光晒暖着大地和静静的树林，果实累累的苹果树、梨树和樱桃树的枝桠显得绚烂多彩。 我给学生们讲述金色的秋天，讲述自然界的各种生物，如树木、掉落在地上的种子、在我们这里过冬的鸟类、昆虫等，怎样在为度过漫长的寒冬作准备。 我确信学生们对词和词组的丰富含义和感情色彩有了感受和体验后，便提议要他们叙说一下自己的所见所感。 我亲眼看到，马上产生了描述周围自然界的惊人细腻而清晰的思想："一群白色的天鹅渐渐消失在蔚蓝色的天空……""啄木鸟嗑着树皮，嗑得树身嗒嗒作响……""一只鹳呆立在窠里，眺望着遥远、遥远的地方……""一只蝴蝶停落在菊花上，在晒太阳取暖……"。 孩子们不是复述我的话；而是说出自己的词语。 思想活跃和丰富起来了，儿童正在培养思考能力，尝到了思索的无比快乐和认识的极大喜悦，觉得自己是思想家。

你是否见过（或从别的老师那里听说过），学生对教师的语言表示冷淡和漠不关心？ 你给他讲述一件很有趣的事情，可他没精打采地坐在那里，你的语言没有打动他的心。 你有充分的理由担心：这种对语言冷漠和麻木不仁的态度是学习上的一大灾难；如果这个灾难扎下深根，人就会好像与学习无缘。

为什么会出现这种灾难呢？ 它的根源何在？

如果语言不作为一种创造手段占据学生的心灵，如果他们只会熟背别人的思想，而不创造自己的思想并通过语言来表达这种思想，他们就会对语言冷淡、漠不关心、麻木不仁。 不可忽视这种冷漠态度，不可忽视学生没精打采的神情！ 要教会他们积极热情地对待语言！

（苏霍姆林斯基：《给教师的建议》，周蕖等译，长江文艺出版社，2014，第 38－40 页）

关于获取知识

关于学生脑力劳动的积极性问题，人们谈论得很多，也很频繁。 但积极性可能有各种各样的。 学生背熟了所读的书，或记住了教师所讲的内容，能迅速回答问题，是一种积极性，但这种积极性不一定能促进智力的发展。 教师应努力发挥的是学生思维的积极性，使知识由于得到运用而得到发展。

进行教学，要靠已有的知识来获取新的知识——这在我看来，就是教师水平高的表现。 我听课和分析课堂教学时，正是依照学生脑力劳动的这一特点来对教师的教学水平作结论的。

究竟怎样使学习成为动脑筋的活动，能获取知识呢？ 这里最重要的是什么？

获取知识，意味着发现了真理，能回答问题。 要使学生看出和感到有不理解的东西，使他们面临着问题。 如果你能做到这一点，就是成功了一半。

但要做到这一点并不简单。 备课时要从这样一个角度考虑教材，即找到若干一下子看不出来的关键地方，而这里却有因果关系，从这种因果关系中能产生问题。 因为问题能唤起求知欲望。

例如，我面前有"光合作用"一课的教材。 应给学生们讲清楚，植物的绿色叶片里发生了什么变化。 可以把这一切讲得在科学上有根有据，在理论上和教学法上头头是道，但完不成使学生达到一定的智力积极性的任务。 我对教材琢磨了一番：有因果关系的关键在哪里？ 有了，最主要的关键就是变无机物为有机物。 这是一幅奇异而神秘的图景：植物从土壤和空气里吸收无机物，在自己的复杂机体中又把它们变成有机物。 这个制造有机物的过程到底是怎么回事呢？ 植物的机体像个复杂得不可思议的实验室，能在阳光下把矿物肥料这种无机物变成鲜美多汁的西红柿瓤，变成芳香扑鼻的玫瑰花，那里面究竟发生了什么变化？

我讲述时，注意引导学生意识到这个问题，使人人激动不安：怎么搞的—— 一切都发生在我的眼皮底下，可我没有思考过这个问题？

怎样引导学生提出问题呢？

为此，必须懂得什么该讲，什么留着不讲完。 不讲完的东西，就好比是学生思维的"引爆管"。 这里没有任何万灵药方。 一切都依具体教材的内容和学生已有的实际知识为转移。在某个班里应不讲完某项内容，在另一个班里则应不讲完另一项内容（尽管教材一样）。

马上，学生的思想中就产生了问题。

接着，我力求从学生以前上生物课、从事劳动和看书所掌握的全部知识中抽出为回答问题所必要的知识。 这种吸取已有的知识来回答问题的做法，就是获取新知识。 ……我是要使所有的学生都思考，都大动脑筋。 因此，我最通常的做法是，一面引导学生产生疑问，一面自己讲解教材，而不把学生叫起来回答一些局部的（"细小的"）问题。

为使学生通过思考获取知识，教师应十分了解他们的知识状况。 有的学生对学过的东西记得一清二楚，有的学生却忘掉了点什么。 正是在这里，我应成为脑力劳动的指导者，使每个人听我讲解时，按自己的方式跟上来，从思想仓库提取保存的东西，如果这种仓库的某处是空白点，如果某个学生的思维线索中断了，我就要用补充说明来填补这个空白，要排除思维的脱节。但这要求有高明的艺术和技巧。 我探索过用什么方式重复说明已学过的内容，以使最有才华的学生也能从这里发现一些新东西。 在知识没有空白和脱节的场合，我采用简略说明的方式。这里没有表面的积极性，学生默不作声，不作问答，不互相补充但却在获取知识。 我把这种获取知识的方式叫作学生自己思索，"查验"自己的知识仓库。

苏霍姆林斯基：《给教师的建议》，周蕖等译，长江文艺出版社，2014，第41-43页）

教育儿童利用自由活动时间

儿童对时间流逝的感觉完全不同于成年人，这是我们任何时候都不能忘记的。 不考虑儿童这一特点的人，往往无法理解儿童的心灵。 在森林里度过一个晴朗的夏日，对儿童来说就是一整年，在少年夏令营里度过一个月，则是无限久。 不要用硬性的计划规定来束缚学生，要让他们去细看、看够。 也许要拿出一整个钟头让学生各人干自己的事情。 儿童的本性要求这样，不这样儿童就不可能认识和思维。

要懂得，生活的每一步都在儿童面前展示出某种吸引他们、迷住他们理智和心灵的新事物、未知事物，他们不仅想不到，而且也感觉不到时间的流逝。毫不足怪，儿童被如此平稳缓慢而又不可遏止的童年潮流吸引住，常常忘记，并且是完全忘记诸如他们今天应当做家庭作业之类的事……我亲爱的同事们！不必奇怪：当你们惊异地问起作业时，儿童有时会坦率地说："我可把它忘了。"他说这件事时，并没有把它当成过错，而是当成某种使他自己也感到奇怪、不懂和诧异的现象。亦无须大惊小怪：儿童在课堂上出神地看着树影在墙壁上的太阳光圈里怎样闪烁时，绝对听不进你所说的任何一句话。是的，他听不进，确实是听不进，因为童年潮流把他吸引住了，他对时间的感觉与你完全不同。不要叱责他，不要在全班面前说他不注意听讲、不努力学习，完全不必这么做。要悄悄地走近他，拉住他的手，使他由神奇的童年独木舟改乘全班航行的那艘认识快艇。更重要的是，不要羞于有时自己也和儿童同坐童年时代的大船，跟他待在一起，用儿童的眼光看看世界。真的，如果你们学会这样做，学校生活中就不会经常出现由于互不理解而产生的许多冲突：教师不理解学生在做什么和为什么做，不理解他为什么那样行动，学生也不理解教师要他做什么。

我作为成年人，为某件有趣的事物所吸引，难于放下这件使我迷恋、给我快乐的事情，但这时下意识的深处会产生使我不安的念头：要知道，可没有谁会来替我做工作。来自下意识的这个信号，能帮助我们控制时间。儿童则缺乏这种控制，他们把时间忘了。应当教他们利用好自由活动时间。

怎样去教[①]？要求他想着点儿？指出他陶醉于什么时忘了

---

①出处为"怎样教法"。——作者注

工作？ 预防他跟有趣的事物接触？

不能这么做。 不能破坏儿童的天性。 教他利用自由活动时间意味着，力求使有趣的、令儿童诧异的事物同时成为他们的智力、情感和全面发展所必不可少的东西。 换句话说，儿童的时间应排满种种吸引人的活动，以便既能发展他们的思维，丰富其知识和能力，同时又不损害童趣。 为儿童创造自由活动时间，并不是说他们可以想干什么就干什么。 自发性可能养成懒散、懈怠的习性。

教会儿童利用自由活动时间，不必作解释（小孩子还不懂得解释），而是通过组织种种活动，通过示范和集体劳动。

（苏霍姆林斯基：《给教师的建议》，周蕖等译，长江文艺出版社，2014，第91-92页）

怎样研究学前儿童的思维

人类的思维有两种基本类型：一种是逻辑分析思维（即数学思维），一种是艺术思维（即形象思维）。 伟大的生理学家伊·彼·巴甫洛夫的这种分类，对解决儿童的智力教育问题以及个人爱好和能力的形成问题，具有极其重要的意义。 请你在9月的一个晴朗的日子里，把要上一年级的学生集合起来，和他们一同到秋天的树林中去，你就会立即发现，这两种思维类型在儿童身上表现得很明显。 树林，特别是初秋的树林，总是吸引儿童的注意，他们在这里不能无动于衷：他们情绪激动，表示赞赏和发出惊叹，这就是对周围世界产生了逻辑认识和感性认识，即靠理智来认识和靠心灵来认识。 高高的蓝天，装扮得绚烂多彩的树木，披上了明朗的初秋色泽的林边和林丛——这一切都吸引着儿童的注意力。 不过，他们对待周围世界的看法却是各不相同的。 只要细心观察，你就会看到两种认识类型——这是两种思维类型的表现。 一部分儿童为十分和谐的大自然美景所陶醉。 他们惊叹和赞赏美景时，是把各种物体当作一个整体来认识的。 他们既看见了日出，也看见了树木披上秋装形成美不胜收的色彩，又看见了神奇莫测的密林。 然而，儿童把这一切都看成像多种乐器奏出的复杂音响中的和声一样，他们没有听到个别的声音，没有从周围世界中区分出个别的细节。 而当某个物体或某种现象吸引着他们的注意力时，他们以为这个物体或这种现象就包罗了一切。 例如，儿童注意了一簇满布着琥珀色果实和银白色露珠的野蔷薇，那么，他们除了这簇花以外，再也看不见其他什么了，他以为自然界的这一创造物就是整个美妙的世界。

这就是对周围世界的艺术认识或形象认识的最突出特征。 具有这种认识的儿童，兴致勃勃、津津有味地讲述着自己所见到的情景。 他们的叙述，形象鲜明。 他们是用画面、形象来思维的，用色彩、声音和动作来思维的。 他们对周围自然界的音乐很敏感，而且一般说来，对自然界的美很敏感。 他们的知觉里，似乎感情因素占优势，以心灵和理智相比，他们好像更多地用心灵来认识事物。 要记住，这对于他们在学习过程中的脑力劳动会有深刻的影响。 艺术思维表现得明显的儿童，有兴趣学习文学，喜欢读书，热衷于诗歌创作。 他们学习数学时，常常会碰到很大的困难，这门课一般都学得不好。

对另外一些儿童来说，则似乎不存在什么和谐的美。 你可以想象一下，一个和暖的秋日里，松林边夕阳西下的景色：深红的晚霞，坚固得宛如铜铸的老树干，以及各种色彩在静静的湖面上变幻无穷的闪光等。 但在学龄前儿童的集体里，总能找到所谓不理解这种美的儿童。 他会问道：为什么太阳落山时变成了红色的？ 它夜里躲到哪儿去了？ 为什么秋天有些树叶变成红色，有些变成橘色，有些变成黄色？ 为什么橡树叶子在霜冻前很久都是绿色？ 他们的视线首先看到的，不是世界的形象方面，而是它的逻辑方面，即因果关系方面。 这就是逻辑分析思维，或叫数学思维。 具有这种思维的儿童，容易发现事物的因果关系和依赖关系，了解一连串事物和现象之间的联系。 他们容易进行抽象思维，喜欢研究数学和其他精密科学。 他们对抽象概念的逻辑分析，如同具有艺术思维的儿童对鲜明的形象那样感兴趣。

这两种类型的思维是客观存在的，教师应当了解，在每个儿童身上哪一种类型占优势。 因为，这对于从教育上正确地指导学生的脑力劳动极为重要。 教他们学会思考、发展思维，意味着，一方面要发展每个儿童的形象思维和逻辑分析思维，不可有片面性；同时又要善于把每个学生的智力发展引导到最符合其天资的轨道。

儿童的思维也有速度上的区别，可以说是思考的快慢不同。

有些儿童的思维很灵活。 他刚在想蜜蜂怎样从花上采蜜，教师介绍了花朵的复杂结构，于是他的思想就很容易地转移到另外的目标上去了。 再拿解算术题时的思维情况来说，有的学生在思想上能把握住习题条件中所讲的一切——筐子、苹果和园地里的树木。 而另一些儿童的思维则完全不同，我想称之为稳定集中性思维。 他的思想如果集中在一件事物上，就很难转移到其他事物上去。 他思考问题时，常常会顾此失彼：想着每千克苹果的价格时，就忘记每筐苹果有多少千克和总共有多少筐。教师往往把这种思维特点看作是智力发展的反常现象，是不对的。 智力活动迟缓，不论是具有形象思维的儿童，还是逻辑分析思维表现得明显的儿童，都是常有的事。 教师往往不加分析，对儿童的智力发展做出完全错误的草率结论。 对思维过程明显迟缓的学生所发生的误解，尤其令人痛心。 他们常常是一些聪明伶俐的儿童，但其思维的缓慢却引起教师不满，于是，儿童焦急不安，思想似乎麻木了，而且完全不再能想什么了。

在开始上课前，对这些现象就应看清楚和了解清楚。 没开始教课时，研究儿童思维的特点，是最容易的。 我向将要担任一年级班的教师建议：在儿童入学前的一年内，要带领他们到大自然——思想的源头去旅行二三十次。 把儿童带到这种环境中去，那里既可以看到鲜明的形象，又可以看出各种现象之间的因果联系，让他们在美景前赞叹，感到惊奇，同时，也进行思考和分析。

（苏霍姆林斯基：《给教师的建议》，周蕖等译，长江文艺出版社，2014，第112-114页）

关于写教育日记的建议

我建议每位教师都写教育日记。 教育日记并不是在形式上有某些要求的正式文件，而是一种个人的随笔和札记。 这种记载对日常工作颇有用处，它是进行思考和创造的源泉。 记了一二十年，甚至30年的日记，就是一笔巨大的财富。 每位善于思考的教师都有自己的体系，自己的教学素养。 如果一位内行教师、富有创造性的教师，在结束其一生的创造活动时，把他在长年劳动和探索中的一切成就都带进坟墓的话，那将失掉多少珍贵的教育财富啊！ 我真想把教师的日记当作无价之宝珍藏在教育博物馆和科研所里。

我记了32年的日记。 当我作为一个小学教师，刚跨进学校的大门开始从事教育工作的第一天，有件事使我沉思不已。 那时，我们村里有一位医士，大家都说他是个古怪的人。 我看到，这位古怪的人检查一年级新生的身高和体重时，详细地记录了所有的材料。 我们在一起聊了一会儿天，翻阅了他的记录。

使我惊叹不已的是，他已经进行了 27 年的统计。

我问："您为什么要作这些记录呢？"

医士回答说："这是一项很有意思的事。 您看，27 年来，孩子们的身高平均增加了 4.5 厘米。 是啊，我能再多活它 30 年该多好啊……"

当时，还没有人想到过儿童会加速成长的问题。 战争开始时，医士患了重病，他把自己的记录交给了我。 我从学校工作的第一天起，就开始记录儿童的身高、体重和他们智力发展情况的资料。 现在，我掌握着 59 年来该村儿童发育的资料，我认为这是极为珍贵的材料……

32 年来，每年开学后的前两周内，我都要记录儿童的知识面和概念的一些材料。 每年都要让儿童回答同样的一些问题。

例如：从 1 数到 100……说出你知道的植物、动物、鸟类的名称……叫出你所认识的机器的名称，说说它们有哪些用处……

我觉得，儿童对这些问题的回答，同样具有重要的价值。 例如，有些资料是值得注意的：1935 年，35 名一年级新生中能从 1 数到 100 的仅有 1 人；能数到 20 的有 5 人（当时，儿童是 8 岁入学）。 到 1966 年，36 名一年级学生中能数到 100 的有 24 人，其余的 12 人能数到 20、30、40（儿童 7 岁入学）。 儿童对机器和工艺流程的知识逐年增多。 但遗憾的是，儿童对于植物、动物和鸟类的知识却逐年减少。

1935 年时所有的 35 名儿童都看到过朝霞，能描绘日出的情景。 1966 年时，36 名一年级新生中在 6 月份看到过朝霞和日出的只有 7 名。

我在自己的日记里还记录着，学生家里有哪些书，家长受过何种程度的教育，父母用多少时间教育儿童。 把这些材料进行比较，也很有意思。

在我的日记里，关于后进生的记载占有重要的地位。我认为，注意观察他们在课堂上和家庭中行为上和脑力劳动方面最细微的变化，是非常重要的。把观察和记录下来的情况加以思考，对教师的工作有很大的帮助。……

记日记还有助于集中思想，对某件事进行深入思考。我在日记里专门留出几页，用于记录有关知识的巩固性的想法。把这些记录加以研究、比较和分析，就能看出知识的巩固性取决于许多先决的前提和条件。记日记能教会我们思考问题。

（苏霍姆林斯基：《给教师的建议》，周蕖等译，长江文艺出版社，2014，第 133－134 页）

谁在教育儿童，什么在教育儿童，在教育方面什么取决于教师，什么取决于其他教育者（节选）

有时过分简单和绝对地肯定某种教育因素是唯一主要的，会使青年教师无所适从，因为在教育过程中，一切都是重要的，一切都有自己的意义。

我想把我们开始教育和培养的儿童，比作一块大理石，几个雕塑家带着自己的刀子同时来到它旁边，要把它塑造成一座雕像，使它具有灵性，体现出人类的理想。这些雕塑家到底是谁，有多少人？

有许多力量参与人的教育过程，第一是家庭，家庭中最细致和最有才干的雕塑家是母亲；第二是教师，他有精神财富、智慧、知识、能力、爱好和生活经验，有智力、审美和创造等方面的需要，有自己的兴趣和志向；第三是对每个人产生强大教育影响的集体（儿童集体、少年集体、青年集体）；第四是每个受教育者个人（自我教育）；第五是受教育者在智力、美感、道德等珍宝的世界中的精神生活——我指的是书籍；第六是完全未料想到的雕塑家（学生在街上结交的少年；来做客一周而使儿童一生都酷爱无线电工程或星球世界幻想的亲属或熟人）。

如果这些起教育作用的雕塑家，始终行动得像一个组织得很好的交响乐队一样，那么，教育的利剑和长矛往往为之交锋和折断的许多问题，就会非常容易地得到解决。

然而，每个雕塑家都有自己的性格、风格和长处（有时也有短处），有时，一个雕塑家对另一个雕塑家的技艺和创作爱持批判态度，不仅力图用刀子在未加工的大理石上精心雕刻，而且总想对另一个巧匠刚刚做好了的地方乱加修补。然后，大理石就不成其为"石块"了，逐渐变成有思想的生物，不仅认识自己周围的世界，而且认识自己本身，不仅用理智来认识，而且用心灵来认识。接着，"大理石块"表露了想照镜子的愿望，说：喂，尊敬的巧匠们，你们干了些什么呀！我们的雕塑半成品便拿起自己的刀子，照着镜子（即端详周围的人们，对有些人赞美，对有些人没有注意，对有些人愤怒），自己开始雕刻起来，对别人已做了的也修改起来。创造热情就在这里燃烧起来：刀子同利剑相互交锋，大理石碎屑飞舞，有时整片整片从洁白的大理石上劈落下来……

你看到这种利剑、刀子交锋并听到刀响和雕塑教育家"对骂"时，心想：这种关于主要和次要教育因素的论断多么天真幼稚！它给整个教育事业带来多大的危害呀！所谓单独一个雕塑教育家万能的奇谈怪论，倘使没有深入到家长的意识中去，那我们怎能会碰到有些家长这样断言："我把自己的孩子交给了你们，请你们教育吧！你们和学校是专管这事的。"

你跨进学校的大门，决心把自己的一生献给教育人——共产主义新社会建设者——的事业。应当记住，你不仅仅是活的知识库，不仅仅是一名专家，善于把人类的智力财富传授给年轻一代，并在他们的心灵中点燃求知欲望和热爱知识的火花。　你是创造未来人的雕塑家，是不同于他人的特殊雕塑家。　教育，创造真正的人，就是你的职业。　社会把你看成雕塑巧匠，我们国家的未来在很大程度上取决于这种雕塑巧匠。　要记住，你的每个错误，都可能变为个人的畸形和精神痛苦、烦恼。　人的创造者，应以自己的水平、能力、艺术为其他雕塑家做出榜样。　为使我们在苏维埃学校里创造出来的人，成为德育、智育、美育的完善杰作，就需要所有接触"大理石块"的雕塑家配合行动，需要使创造真正的人的活动和谐一致。　那么，谁应当是形成这种和谐一致的敏锐的、明智的、有经验的、细心的和勇敢的指挥者呢？　是教师。

你作为教育者的任务，首先是要看到雕塑巧匠组成的整个合唱团，要敏锐地听到每个团员的演唱，指出哪里的音不准。换句话说，你应了解，在困难多的教育过程中什么取决于谁。必须看到，每个雕塑教育家在共同努力创造的人身上干的是什么。　我的青年朋友！　要记住，刀子稍一接触洁白的大理石，就会留下终生不可磨灭的痕迹。　你应知道，谁在什么时候怎样接触了你们的创作。　为此，只是热爱儿童是不够的，像神话中的雕刻家皮格马利翁，热爱自己亲手雕刻的哈拉齐娅一样热爱自己的创作是不够的。　应当有了解。　应当有对因果关系进行逻辑分析的能力。

做雕塑巧匠合唱团的明智的指挥，并不是要你周密地分配任务和责任，说：这由家庭负责，这由学校负责，这由少先队组织负责……创造一个人不是按各部分进行的：有人雕耳朵，有人雕前额，有人雕鼻子，如此等等。　这种情况在我们复杂而困难的事业中是没有的。　你从学校工作的初期起，就要时常同家长交谈——不仅在会上谈，更多的是个别交谈。 任何时候都不要试图严格地分配任务，说：这是你们家长应负责的，这是我们学校应负责的。 对教育负有责任的不仅仅是学校，家庭也能够并应该做很多事，以使我们的儿童成为有聪明才智、能敏锐地理解和深刻地感受的人。 要记住，对我们创作的哈拉齐娅，有时会有各种力量在同一处地方做完全不同的接触。 你刚刚教育自己的学生要正直和爱护社会主义财产，而你或家长从来不认识的一个"雕塑家"意外地出现，教他去偷窃和欺骗。 指挥教育过程者的才智和本领，就在于不让任何一次对你们的创造物的接触不被察觉。

乌克兰哲学家和教育家格·斯·斯科沃罗达教导说，了解原因就是了解一切。 我的青年朋友！ 对这个教导要认真考虑。教师没有了解行为的原因而得出不正确结论的事例，在学校生活中难道还少吗？！ 要知道，有时是这样的情形：责任本来在学校，却把家长请来，要他们相信，是他们对孩子照管得不够，把他娇惯坏了，等等。

有时对错综复杂的善与恶非常难分辨，然而，必须加以分辨，这是教师的神圣职责。 青年朋友！ 你参加了崇高的人民教育工作，不仅是能进入造就共产主义新人作坊的若干雕塑巧匠之一，你还应成为其他巧匠的老师。 你有利的地方，是你可依据教育科学来了解学生。 假如我不相信教育人的科学具有极大的力量，那我连一天也不可能在学校里工作，也不可能写这本书。 你应成为教育科学知识的明灯，它的光应照亮创造人的其他雕塑巧匠的工作。 你作为教师和班主任，有什么办法可以影响学生的家庭呢？ 学生的自我教育怎样进行，教师在这方面的任务是什么？ 教师个人怎样进行自我教育？ 集体具有巨大的教育力量的秘密何在，在什么条件下有集体，在什么条件下没有？

书籍应怎样教育人？ 怎样使意外的教育者对少年心灵的影响和学校的方向一致？ 我感到，就这些问题提出建议，对青年教师将有裨益。

（苏霍姆林斯基：《给教师的建议》，周蕖等译，长江文艺出版社，2014，第 139－142 页）

怎样爱惜儿童的信任

在这个极为细致的教育工作领域里，最主要的是要深刻理解，更确切地说，是要用心灵去体会儿童世界，体察童年生活。

童年生活、儿童世界，是一个特殊的世界。 儿童对善与恶、好与坏有自己的概念，他们有自己的审美标准，他们甚至对时间也有自己的衡量方法：在童年时代，一天好像一年，而一年简直是永久似的。 为了能够进入这座名叫"童年"的神奇宫殿，你必须变成另一个人，即在某种程度上变为一个孩子。 只有这样，你才有资格对学生拥有明智的权威。

朋友！ 你不要以为我把儿童时代理想化了。 我非常明白，童年是由我们成人留在儿童身上的影响而形成的。 然而，正因为儿童是将会长成高大树木的娇嫩幼苗，所以童年就需要受到特别尊重。 教师的权威要使用得恰当，首先就要有能理解一切的无限能力。 这种能力不应有任何限制。 要知道，儿童是不会故意做坏事的。 如果一个教育者硬是认为儿童有这种意图，是蓄意干不良行为的，这就是教育上的无知。 这样的教师在竭力"砍掉劣根"的同时，把所有的根子都砍掉了，结果，使童年时代生机勃勃的幼芽枯萎了。 责备儿童蓄意干坏事、懒惰、马马虎虎，而实际上没有这种现象，孩子就会感到非常委屈，进而同教师疏远，失去对教师的信赖。 破坏了儿童对你的信赖，你就是在使他开始固执任性、故意不听话、想方设法违背你的要求。

对于儿童不是有意干的坏事，而是一时糊涂、无知或者误解而做出的各种各样不当举动，要采取特别明智的教育态度。 在这种情况下不要当众责备儿童的行为。 仅你一人知道这行为就算了。 你有理解一切、了解一切的巨大而明智的权威。 你应明白，为什么一个一年级学生从同学的漂亮盒子里拿出彩色铅笔，摆弄一阵之后悄悄塞进自己的口袋里。 不必大惊小怪——这不是偷窃。 你要懂得：为什么上课铃响了，小家伙们不向教室奔去，而想在绿草地上再玩"一会儿，一分钟"；为什么费佳不认真听教师说明题目的条件，而屏住呼吸瞧那只飞进教室的蜜蜂；为什么奥克桑卡不同大家一起读书，而在吸墨纸上画了一朵花；为什么三个爱吵闹的学生米科尔卡、皮利普柯和彼特里克在树林里游玩时故意脱离班集体，偷偷躲进树丛中……

总之，这样的"为什么"是举不胜举的。 矛盾冲突也是如此。 教师与学生之间发生冲突，是一种极端不懂教育的表现。 这种现象的出现，是由于教师缺乏宽宏大量的、父母般的明智态度和巨大的教育权威，不懂得他是在同儿童的行为、思想和看法打交道。 绝对不能把儿童同成人一样看待，既能衡量成人，又能衡量儿童的统一尺度是没有的。

我记得有一个名叫德米特里克的小家伙。 事情发生在三年级……你可以设想一下，正在上语法课。 你在黑板前讲解语法规则，大家都在听讲，记录着例句。 德米特里克似乎也在作记录，但你却为这孩子担心。 他的眼睛滴溜溜地转动，正在注意课桌后面的什么东西，有点顾不上听你讲语法。 你悄悄走近这个孩子身旁一看，原来他面前摆着一个半开着的火柴盒，里面有个东西在蠕动。 德米特里克全神贯注地盯着盒子，他的视线和思想都集中在盒子里。 你仔细一瞧，盒子里装的是一只小甲虫，小得几乎看不见，还长着一只锯形的角，这小东西正在锯着火柴盒，但却无法锯开自己这所监狱的门。

当然，你可以怒气冲天，可以把这个孩子弄哭，要他认错，而自己气得发抖，可是，这又有什么用呢？你能够得到的唯一结果是白白浪费时间，小甲虫会成为全班取乐的对象，同学们会羡慕德米特里克，嘲笑你发脾气。

在这样的时刻，你最好想一想：孩子呀！你心里到底是怎么回事？为什么你就不能把小甲虫放到一边半个小时，先理解语法规则？想到这儿，你拿起火柴盒，把它扣上，放到自己的口袋里，用手抚摸一下德米特里克的头，向他再讲解一遍语法规则。此时，这个学生做着记录，看来，他听懂了。确实常有这样的学生：虽然他一只眼瞅着一只角的小甲虫，另一只眼瞧着黑板，但脑子里还是听进去了一些东西。

下课以后，德米特里克走到你的桌子跟前，低着头，默默不语。长长的睫毛下，一对黑眼珠还在闪闪发光。你一下就能发现，他眼睛里还闪动着狡黠的神情。你把小甲虫还给德米特里克，要他告诉你，是在哪儿找到这奇异的小东西的，是怎样迫使小甲虫"锯"那所牢房的门的，以及还打算拿这个小动物做什么？德米特里克很高兴地向你讲述着，扯着你的衣袖来到灌木丛中，据他说，小甲虫在这里每隔三年才爬出来一次，会飞。

在这类故事中，通常听得出教育者的如下暗示：在这种情况下对儿童和善，是从教育智慧的高峰降下来，俯就儿童的兴趣。学生们是不能忍受这种宽容态度的。真正的教育，不是从高处降至地上，而是登上童年微妙的真相之巅。是登上，而不是降下来。不要过分迁就儿童，不要适应儿童兴趣的"局限性"（如果我们自己不去限制儿童的兴趣，就不会有这种局限性），而是要做一个聪明的导师。

一个人对另一个人拥有明智的权威，尤其是成人对儿童的这种权威，是一种巨大的创造性活动，是对儿童的思想感情世界进行深入而真诚的理解，懂得儿童的语言，使自己保持一点儿童气质，但同时又不把自己和儿童等同起来。有的教师，身为成人并当了父亲，竟把五年级的男学生带到教员休息室里来审问："你说说，你为什么老是在课堂上发出笑声？你到什么时候才能改掉这个毛病？难道一个少先队员有权力做出这种表现吗？"当我看到这种情形时，我就感到这位教师一下子加入了儿童的游戏，而他还不懂得这是一种游戏。那个男孩子沉默不语，他也说不出什么来。假如这个五年级学生突然也以教师向他提问的那种态度来回答教师，那倒是很令人吃惊的。学生往往不知道自己为什么笑，教师则不应该不知道。他没有权力不知道学生为什么做出这一或那一举动。结果却是互不了解：教师不了解学生，学生不了解教师。有时，瞧着这样的教师与学生，不禁使人问道：难道他们是用不同的语言在说话？

要知道，儿童，尤其是少年喜欢"显示自己"，表现自己的意志、智慧、机灵和有办法。这样的儿童，在你的帮助下认识着世界，逐渐长大成人。在这一困难的成长过程中，教师使用自己的权威要特别谨慎，因为长者的意志容易变成恣意妄为，有时甚至变成对别人的迫害。对儿童内心的精神力量，不要压制和摧毁，而要扶植和支持；不要使他失去个性，而要确立他的自尊心。只能这样来使用自己对学生的权威，也只有这样，你的权威才可能是明智的。在学生犯了过失时，不可采取"强力的""强制意志的"手段对他施加影响。不要让拳头敲击桌子的声音和责骂声冲进你那复杂的人道主义实验室里来。假如一个活泼好动、爱笑爱闹的小淘气变得垂头丧气、惶惶不安、双目忧伤无神、弯腰驼背、可怜巴巴，这是很不好的。希望你不要喜欢这种可能的情景。要把人的自豪感与儿童不可侵犯的个人荣誉当作最高珍品加以保护。　应该懂得，有头脑、对任何事情都有自己看法的小淘气，对作为教育者的你来说是一种幸运；而那种像影子一样无意志的、头脑中的独立思想被你的"强力"手段打掉了的、对你总是俯首贴耳、唯命是从的学生，则是你的不幸。　要知道，管不住的淘气鬼和爱吵闹的学生，在紧要时刻可能表现为一个善良的、好心的人，而那种无意志的、唯唯诺诺的学生，则往往是麻木不仁、冷酷无情的（他自己不知道这一点），甚至会为了自己的幸福而不顾亲人的痛苦。　摧毁学生意志的那些"强力的"和"强制意志的"教育手段，会把学生变成一个冷酷无情的人。

（苏霍姆林斯基：《给教师的建议》，周蕖等译，长江文艺出版社，2014，第 273 页）